MAGASINIER

DE LA FLOTTE

PUBLIÉ AVEC L'AUTORISATION

DE SON EXCELLENCE M. LE MINISTRE DE LA MARINE ET DES COLONIES

Par Noël BLACHE

Agent-comptable de la marine.

TOULON,

TYPOGRAPHIE ET LITHOGRAPHIE D'E. AUREL,

Rue de l'Arsenal, 43.

1865.

MANUEL
DU MAGASINIER
DE LA FLOTTE.

MANUEL

DU

MAGASINIER

DE LA FLOTTE

PUBLIÉ AVEC L'AUTORISATION

DE SON EXCELLENCE M. LE MINISTRE DE LA MARINE ET DES COLONIES

Par Noël BLACHE

Agent-comptable de la marine.

TOULON,

TYPOGRAPHIE ET LITHOGRAPHIE D'E. AUREL,

Rue de l'Arsenal, 13.

1865.

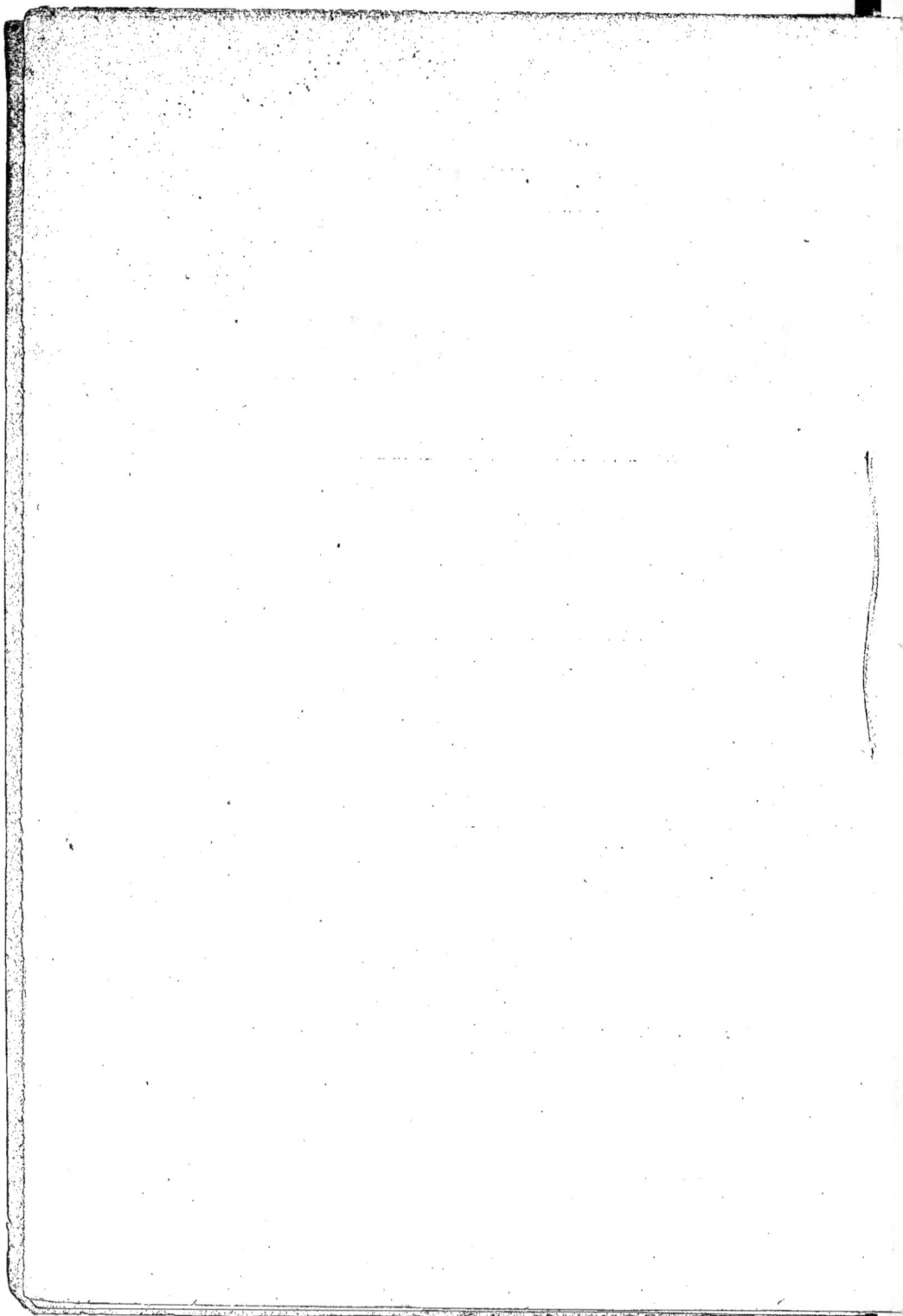

AVERTISSEMENT.

De même que pour le *Manuel du Comptable des matières des arsenaux, usines, forges, fonderies et autres établissements de la marine,* les prescriptions officielles, réunies dans le présent recueil, y sont coordonnées sous les trois titres suivants :

MODE DE GESTION;

SYSTÈME DE COMPTABILITÉ;

PÉNALITÉS.

Cette coordination, résumée dans la table des matières, facilitera les recherches. La date des textes officiels, énoncée en regard de chaque prescription, permettra de recourir facilement à ces textes, quand il y aura lieu.

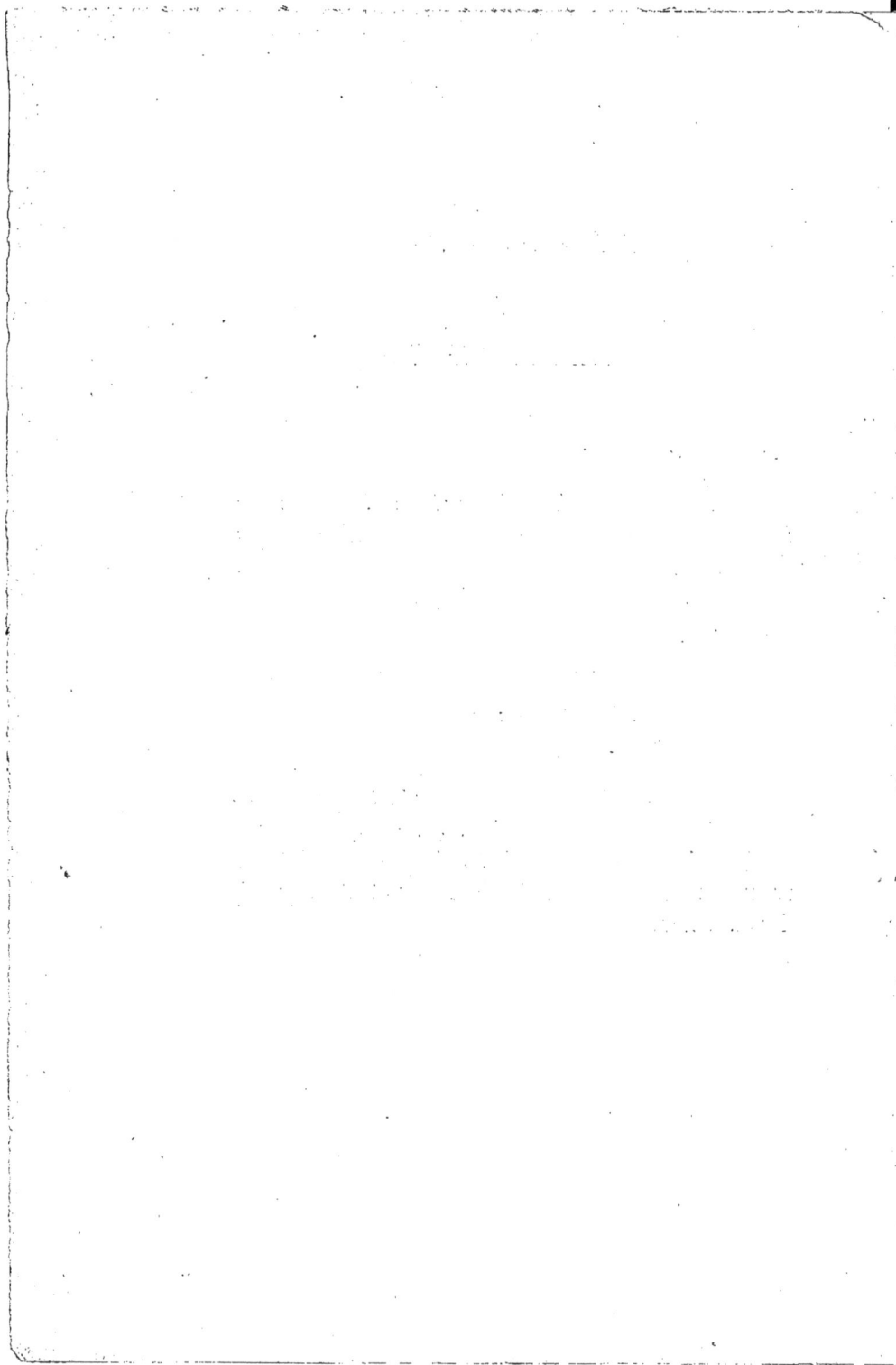

NOTE PRÉLIMINAIRE.

L'intervention active des Magasiniers de la Flotte dans les opérations de ravitaillement du matériel, opérations qui réclament la plus grande célérité, constitue pour ces comptables une obligation importante. A cet effet, de même que pour l'accomplissement régulier des autres actes afférents à leurs fonctions, il est nécessaire que ces agents possèdent une connaissance sérieuse des charges qui leur incombent et de la responsabilité qu'ils encourent.

Mais dans l'état actuel, un pareil résultat ne peut s'obtenir qu'à la suite de recherches souvent fort laborieuses, vu la quantité de documents disséminés auxquels il faut sans cesse se référer. A cette première difficulté vient s'ajouter, à bord des navires de l'Etat, l'insuffisance même des documents spéciaux. Obvier à cette situation regrettable, suppléer à des investigations pénibles, réunir les notions indispensables à tout magasinier de la flotte, était un but d'une incontestable utilité ; c'est le seul que je me suis proposé en coordonnant les diverses parties de ce manuel.

Au moyen d'un tel recueil, les Magasiniers de la Flotte, qui vivent avec les équipages en communauté d'aspirations glorieuses pour leur pavillon, pourront plus aisément s'élever jusqu'à la conscience scrupuleuse de leurs devoirs, et justifier, par un zèle actif et éclairé, la bienveillance de l'autorité supérieure qui s'est naguère manifestée hautement en leur faveur, en les attachant définitivement au service de la Marine impériale.

N. BLACHE,
Agent-comptable des matières.

MANUEL
DU MAGASINIER
DE LA FLOTTE.

PREMIÈRE PARTIE.

MODE DE GESTION PRATIQUÉ DANS LES MAGASINS DE LA FLOTTE.

Position hiérarchique attribuée au magasinier de la flotte.

Les Magasiniers entretenus, justiciables des conseils de guerre et des tribunaux maritimes, sont soumis, pendant leur embarquement, à toutes les règles de police et de discipline en vigueur à bord des bâtiments de la marine impériale (1).

A terre, ils sont assujètis, comme les entretenus des autres services de la marine, aux lois, règlements et consignes relatifs à la discipline, à la police et à la sûreté des arsenaux.

Art. 14 de l'arrêté ministériel du 15 juillet 1863, et art. 259 du décret du 5 juin 1856.

---

(1) Les magasiniers entretenus de la flotte doivent recevoir, lorsqu'ils décèdent à bord des bâtiments, les honneurs funèbres attribués par le décret du 15 août 1851 aux maîtres et aux seconds maîtres des équipages de la flotte, auxquels ils sont assimilés. (*Circulaire no 306 du 26 décembre 1864, Bulletin officiel, page 412.*)

A bord, ils peuvent être suspendus de leurs fonctions par le capitaine, sur le rapport de l'officier en second et de l'officier d'administration, et renvoyés à la disposition du préfet maritime du port comptable qui prend les ordres du ministre.

Pendant la durée de leur suspension, la solde de ces agents est réduite à la moitié de l'allocation attribuée à l'emploi qu'ils occupaient.

Art. 693 du décret du 15 août 1851 sur le service des bâtiments de la flotte.

Le magasinier est soumis à la police, à la discipline et à toutes les règles de service établies à bord.

Hors les cas prévus par l'article 216 du décret du 15 août 1851, il n'est assujéti à d'autre service qu'à celui pour lequel il est spécialement embarqué (1).

Il est, quant à ses opérations administratives et à sa comptabilité, sous la surveillance spéciale de l'officier d'administration du bâtiment (2).

Art. 320 de l'instruction du 1ᵉʳ octobre 1851.

L'officier d'administration surveille la comptabilité du magasinier.

Il est responsable de toutes les omissions de recette et de toutes les dépenses irrégulièrement justifiées qu'il n'aurait pas signalées.

---

(1) Le capitaine assigne aux surnuméraires embarqués des postes de combat et d'incendie. Indépendamment du service spécial qui leur est attribué, il peut les charger de tout autre emploi dans les circonstances extraordinaires de la campagne, ou dans celles où la totalité de l'équipage doit être mise en action. Lorsque, par une cause quelconque, un quart de l'équipage est hors de service ou absent du bord, les surnuméraires peuvent être appelés à faire le quart concurremment avec l'équipage. (*Article 216 du décret du 15 août 1851.*)

(2) Les magasiniers de la flotte sont admis à voyager à prix réduit sur les chemins de fer. (*Arrêté ministériel du 31 décembre 1859, circulaire nᵒ 9 du 18 janvier 1860,* Bulletin officiel, *page 12, et circulaire nᵒ 233 du 10 octobre 1864,* Bulletin officiel, *page 224.*)

A la fin de chaque mois, il opère la vérification des faits de comptabilité accomplis pendant le courant de ce mois.

Logement.

Le magasinier est logé dans son magasin sur l'avant du bâtiment.

Art. 706 du décret du 15 août 1851 sur le service des bâtiments de la flotte.

Poste de combat.

Pendant le combat, il est, selon les ordres qu'il reçoit, employé au passage des poudres ou au poste des blessés.

Art. 693 du décret du 15 août 1851.

Poste à l'inspection.

Lors de l'inspection journalière, il se tient dans le magasin.

Art. 578 du règlement annexé au décret du 15 août 1851.

Attributions dévolues au magasinier de la flotte.

A l'exception des poudres et artifices, le magasinier est constitué dépositaire de tous les objets susceptibles de consommation, même lorsque ces objets sont portés sur la feuille d'un autre comptable.

Art. 316 de l'instruction du 1er octobre 1854.

Dans ce cas, les dits objets sont versés au magasin général du bord, et soumis aux mêmes règles de comptabilité que les matières de consommation.

Le magasinier est responsable de ces objets envers le maître chargé ou autre comptable.

Art. 695 du décret du 15 août 1851. Le magasinier a la garde, la conservation et la distribution des approvisionnements et des objets de rechange qui sont mis à sa charge, en conformité du règlement d'armement.

Art. 9 du règlement d'armement du 15 juillet 1859. Il prend lui-même ou fait prendre par l'un de ses agents livraison des objets portés sur la feuille, mais pour ceux qui exigent des connaissances spéciales quant à leur qualité et à leurs dimensions, il doit toujours être accompagné du maître compétent ou de l'un de ses délégués.

Art. 693 du décret du 15 août 1851. Il a autorité sur les gardiens que le capitaine a désignés pour le seconder.

Art. 694 du décret du 15 août 1851. Si le magasinier a lieu de se plaindre de mauvais traitements ou d'insultes de la part de quelques personnes de l'équipage, il en rend compte à l'officier en second.

Obligations afférentes au magasinier de la flotte.

Art. 700 du décret du 15 août 1851. Le magasinier ne peut s'absenter du port de désarmement qu'après la reddition définitive de ses comptes, ou sur l'ordre du préfet maritime.

Art. 696 du décret du 15 août 1851. Il est tenu de faire connaître à l'officier en second, ainsi qu'à l'officier d'administration, les objets qui, n'ayant pu être placés dans le magasin et dans les soutes qui lui sont affectées, doivent être mis immédiatement à la charge des maîtres.

Il doit se conformer dans l'exercice de ses fonctions, aux règlements et instructions sur le service des Magasiniers.

Art. 701 du décret du 15 août 1851.

Responsabilité inhérente au magasinier de la flotte.

Sont comptables et responsables de la partie du matériel en service à bord des bâtiments qui leur est respectivement confiée, en vertu des dispositions du règlement d'armement :

Art. 315 de l'instruction du 1er octobre 1854.

Les maîtres chargés ;

Le capitaine d'armes ;

Le magasinier ;

Le commis aux vivres

Et les divers officiers, pour les objets qui leur sont remis en compte, sur feuilles spéciales, en vertu du dit règlement.

Les comptables du matériel, à bord des bâtiments, sont tenus d'en représenter l'existant, d'après leurs écritures, soit au désarmement, soit lorsqu'il est fait des recensements à bord (1).

Il ne leur est admis en compte que les dépenses régulièrement ordonnées par l'autorité compétente et dûment justifiées.

Le magasinier est directement responsable envers l'Etat des matières et des objets mentionnés sur sa feuille d'armement.

Art. 316 et 386 de l'instruction du 1er octobre 1854, et art. 9 du règlement d'armement du 15 juillet 1859.

Il est également responsable envers le maître chargé ou autre comptable, des objets susceptibles de consommation qui se trouvent portés sur la feuille de ce maître ou autre comptable et qui ont été versés au magasin général du bord.

---

(1) Les détenteurs, à quelque titre que ce soit, de valeurs mobilières ou permanentes, sont tenus de les représenter en bon état, sauf les détériorations résultant du dépérissement naturel. (*Article 82 du décret du 30 novembre 1857.*)

Art. 317 de l'instruction du 1er octobre 1854.

Les consommations ordinaires pour l'entretien et le service du bâtiment ont lieu par l'ordre de l'officier en second (1). Cet offficier est personnellement responsable de toutes les consommations contraires au règlement qu'il aurait autorisées ou tolérées, à moins qu'il ne justifie d'un ordre écrit donné par le commandant.

Art. 318 de l'instruction du 1er octobre 1854.

Conformément aux dispositions des articles 175 et 185 du décret du 15 août 1851 sur le service à bord des bâtiments de la flotte, les consommations extraordinaires sont ordonnées par le capitaine, sous sa responsabilité.

Prescriptions spéciales à la tenue des magasins de la flotte.

Art. 693 du décret du 15 août 1851.

Le magasinier surveille l'entretien de la propreté de son magasin.

Lorsqu'il s'absente de son magasin, il exige qu'un des gardiens qui lui sont adjoints y soit constamment présent.

Art. 695 du décret du 15 août 1851.

Il tient le magasin général et les soutes qui lui sont affectées dans l'ordre le plus propre à faciliter la délivrance et le recensement des objets confiés à sa garde.

Art. 698 du décret du 15 août 1851.

S'il a connaissance de quelque cause de détérioration, ou s'il s'aperçoit d'un commencement d'altération dans ces dits

---

(1) Le magasinier ne fait habituellement aucune délivrance que sur un *bon* dressé par le maître qui doit faire emploi de l'objet demandé, et visé par l'officier en second.

Toutefois, en cas d'urgence, il peut effectuer une délivrance sur l'ordre verbal du capitaine, de l'officier en second, d'un officier de service ou même d'un maître chargé ; mais alors il doit faire régulariser la délivrance dans le plus bref délai, et il en rend compte à l'officier d'administration. (*Article 697 du décret du 15 août 1851.*)

objets, il en prévient sur le champ l'officier d'administration et l'officier en second.

Il s'attache à connaître parfaitement la place occupée par les objets renfermés dans son magasin.

Art. 573 du règlement annexé au décret du 15 août 1851.

S'il reste un espace libre dans le magasin après y avoir déposé les objets portés sur la feuille du magasinier, le commandant y fera placer les divers objets annotés des lettres M. G. sur les feuilles des maîtres, en ayant soin, toutefois, de faire passer en première ligne les objets relatifs au service religieux et le matériel appartenant au service de santé.

Le magasinier est responsable de ces objets envers les maîtres chargés ou autres comptables.

Art. 10 du règlement d'armement du 15 juillet 1859.

Il veille à ce que personne ne séjourne dans le magasin, et à ce qu'il n'y soit introduit de lumière que par son ordre et en prenant les précautions prescrites.

Art. 574 du règlement annexé au décret du 15 août 1851.

Prescriptions relatives à la conservation de l'approvisionnement de prévoyance (1).

L'approvisionnement de prévoyance des bâtiments armés est constitué dès que ces bâtiments ont reçu l'ordre de se préparer au départ.

Les effets sont placés à bord dans un local disposé à cet effet.

Art. 558 du décret du 11 août 1856.

Le magasinier est chargé de la conservation des effets d'approvisionnement à la charge du Conseil d'administration.

Art. 576 du règlement annexé au décret du 15 août 1851.

(1) Voir à la page 243 du *Bulletin officiel* de l'année 1858, le tableau n° 3 indicatif de l'assortiment des effets d'habillement à embarquer en approvisionnement de prévoyance, calculé pour cent hommes d'équipage.

Il demande l'autorisation de les faire mettre à l'air au moins une fois par mois, lors d'un temps beau et sec.

L'exécution de cette mesure est consignée sur un registre qu'il tient à cet effet, en outre de la mention qui en est faite sur le casernet et sur le rôle d'équipage.

Art. 569 du décret du 11 août 1856.

Le tabac et le savon dont les bâtiments armés auraient besoin pour la durée de la campagne à entreprendre sont délivrés par le magasin général sur la demande des Conseils d'administration.

Les règles relatives aux approvisionnements de prévoyance en effets d'habillement sont applicables aux approvisionnements de cette nature.

Dispositions générales relatives aux délivrances, aux remises et aux envois effectués aux bâtiments (1).

Art. 12 et 150 de l'instruction du 1er octobre 1854.

Les délivrances aux bâtiments de matières et d'objets d'approvisionnement, sont faites exclusivement par les magasins particuliers des directions ; la dépense, par application, des objets d'attache est faite directement par les ateliers.

Art. 151 de l'instruction du 1er octobre 1854.

Les délivrances à faire aux bâtiments, sont déterminées par le règlement d'armement. Le nombre de mois d'approvision-

---

(1) Le capitaine d'un bâtiment en état d'armement ne peut refuser la mâture, la voilure, les agrès, les munitions, les approvisionnements, les rechanges et autres objets qui ont été jugés susceptibles d'un bon service par les autorités de l'Arsenal. Mais, si ces objets lui paraissent défectueux, il peut présenter ses observations au préfet maritime qui, après avoir fait procéder à une vérification contradictoire, prononce définitivement. (*Article 200 du décret du 15 août 1851.*)

Voir également la circulaire du 25 mars 1851, *Bulletin officiel,* page 259, relative aux objets d'attache des embarcations à inscrire par ordre, sur la feuille du maître de manœuvre.

nement est fixé par le ministre ou par le préfet maritime, conformément aux ordres du ministre, selon la nature et la durée présumée de la campagne.

Les fixations réglementaires des espèces et des quantités des matières et des objets, ne peuvent être dépassées ni réduites sans autorisation du ministre. Toutefois, dans les cas d'urgence, le préfet maritime peut accorder des délivrances en excédant aux allocations réglementaires ou des réductions à ces allocations, sous l'obligation d'en rendre compte au ministre.

Les demandes de cette nature adressées au préfet maritime doivent être motivées et visées par le commandant en chef, lorsque le bâtiment fait partie d'une escadre ou d'une division. Le commandant en chef sous la même réserve autorise des réductions aux allocations réglementaires à l'égard des bâtiments faisant partie de l'escadre ou de la division.

A la fin de l'armement ou de chaque trimestre (1), le préfet maritime adresse au ministre des états faisant connaître les objets qui ont été délivrés en supplément ou en complément,

Art. 152 de l'instruction du 1er octobre 1854, modifié par la circulaire manuscrite du 5 avril 1860 et par la circulaire nº 263 du 29 septembre 1862. (*Bulletin officiel*, p. 298)

(1) L'instruction du 1er octobre 1854, sur la comptabilité des matières (*articles 85 et 152*), prescrit l'envoi trimestriel au ministre d'états (*modèle nº 35*), présentant, pour chaque port, la liste des objets de matériel remis définitivement ou laissés en magasin par les bâtiments armés, ainsi que celle des objets délivrés en supplément ou en complément. Ces remises ou délivrances ne peuvent avoir lieu en vertu de la seule autorisation du préfet maritime, que dans les cas d'urgence et sous l'obligation d'en rendre compte au ministre (*article 151, paragraphe dernier*).

Les états ci-dessus désignés, s'ils étaient fournis régulièrement et établis avec soin, contiendraient des renseignements précieux pour la révision du règlement d'armement ; mais il arrive fréquemment qu'ils laissent beaucoup à désirer au point de vue des explications exigées par le troisième paragraphe de l'article 152, lesquelles doivent être suffisamment détaillées pour permettre d'apprécier l'opportunité des autorisations exceptionnelles qui ont été accordées.

Cet état de choses est regrettable, et je crois devoir vous le signaler en vous rappelant l'importance que j'attache à l'exécution ponctuelle des prescriptions réglementaires, et en vous priant de vouloir bien veiller à ce

ainsi que ceux qui n'ont point été délivrés, bien qu'ils fussent alloués par le règlement, avec l'indication complète et détaillée des motifs qui auront porté le préfet à autoriser ces dérogations à la règle, ou la décision ministérielle en vertu de laquelle elles ont été opérées.

Aux mêmes époques, le commandant en chef adresse au ministre des états faisant connaître les objets qui, d'après ses ordres, n'ont point été pris aux magasins.

Les états relatifs aux délivrances (*modèle nº 35*) sont divisés en trois parties.

La première comprend les objets qui bien que non alloués par le règlement, ont été jugés indispensables, et ceux qui ont été délivrés en excédant aux quantités déterminées par le règlement pour l'armement ordinaire.

Dans la seconde, sont classés les objets qui avaient été d'abord jugés inutiles et laissés à terre.

La troisième se compose des objets qui ont été délivrés à des bâtiments destinés à une mission spéciale et extraordinaire.

---

que les états (*modèle nº 35*), me soient régulièrement transmis à l'avenir, et contiennent tous les renseignements exigés par l'instruction sur la comptabilité des matières.

Je profite de la présente dépêche pour vous faire connaître que mon attention a été appelée sur un désaccord qui existe entre les dispositions de l'article 151 combiné avec l'article 159 de l'instruction du 1er octobre 1854 et celles de l'article 12 de l'arrêté ministériel du 15 juillet 1859, inscrit en tête du réglement d'armement. D'après l'article 12, les préfets maritimes peuvent, dans le cas d'un départ à bref délai, autoriser des délivrances supplémentaires, mais seulement pour les objets prévus dans le réglement d'armement, tandis que l'article 151 de l'instruction sur la comptabilité des matières ne contient pas cette restriction. Après avoir fait examiner la question, j'ai reconnu qu'il n'y avait pas lieu de maintenir la dite restriction, et j'ai décidé, en conséquence, que l'article 12 de l'arrêté ministériel du 15 juillet 1859, serait modifié par la suppression des mots : *mais seulement pour les objets prévus dans le réglement ci-joint*. (*Circulaire nº 311 du 22 décembre 1864, Bulletin officiel, page 483*.)

Ces états ne doivent, du reste, faire aucune mention des délivrances supplémentaires motivées par des causes accidentelles, telles que la durée de la campagne, l'embarquement ou le débarquement des passagers, l'augmentation ou la diminution dans les effectifs d'équipage, lesquelles ne sont en réalité que la conséquence de l'exécution du règlement.

Des avis négatifs doivent, le cas échéant, être transmis au ministre pour chacun des services appelés à concourir à l'armement de la flotte.

Les demandes de matières et d'objets faites par les bâtiments sont dressées sur des feuilles ou billets (*modèles n°s 38, 38 bis, 41, 41 bis*) divisés par services, et par section et dépôt de magasin, sauf le cas prévu par l'article 169 de l'instruction du 1er octobre 1854. Ces demandes ne sont admises par les comptables que sur l'ordre de délivrance donné par le directeur compétent. $\qquad$ Art. 228 de l'instruction du 1er octobre 1854.

Lorsque les matières et les objets demandés doivent sortir du port, le directeur qui ordonne la délivrance mentionne cette circonstance sur son ordre.

Les directeurs peuvent se faire suppléer par un des officiers placés sous leurs ordres dans la signature des ordres de délivrance aux bâtiments, ainsi que dans le visa des feuilles ou billets de remise, sauf la faculté accordée par l'article 83 de l'instruction du 1er octobre 1854. $\qquad$ Art. 229 de l'instruction du 1er octobre 1854.

Cet officier agit sous la responsabilité du directeur, et signe : *pour le directeur et par son autorisation.*

Dans chaque arsenal, un ordre de service du préfet maritime fixe les heures pendant lesquelles les directeurs ou les officiers autorisés à ordonnancer les délivrances aux bâtiments et à signer les feuilles ou billets de remise doivent être présents $\qquad$ Art. 230 de l'instruction du 1er octobre 1854.

à leur bureau pour satisfaire aux demandes de ces bâtiments.

Une ampliation de l'ordre de service est transmise au ministre.

Cet ordre est notifié à tous les bâtiments qui arrivent sur rade.

Art. 231 de l'instruction du 1er octobre 1854. Les billets ou feuilles de demande et les ordres de délivrance revêtus des formalités déterminées sont présentés au garde-magasin particulier, qui vise les ordres et fait opérer les délivrances.

Art. 232 de l'instruction du 1er octobre 1854. La partie prenante reçoit dans les magasins les objets demandés ; elle en reconnaît la quantité et les fait enlever immédiatement.

Les matières et les objets sont considérés comme délivrés du moment où, après avoir été pesés, mesurés ou comptés en présence de la partie prenante, ils ont été mis à sa disposition (1).

Art. 233 de l'instruction du 1er octobre 1854. Lorsque plusieurs articles compris dans un même billet, feuille ou coupon, ne peuvent être délivrés en totalité le même jour, l'acquit est donné en regard de chaque objet délivré. Les délivrances suivantes sont constatées par de nouveaux acquits. Le billet, feuille ou coupon est arrêté à la date de la dernière délivrance.

---

(1) « Les documents de comptabilité qui me parviennent périodiquement des ports et des établissements de la marine, constatent que, dans des délivrances très-considérables de matières d'une valeur minime, telles que *vieux cordages pour étoupes, fers vieux*, etc., les quantités ont été poussées jusqu'à la fraction du kilogramme et même jusqu'au gramme.

« Rien ne saurait justifier, dans les cas dont je viens de parler, la délivrance de quantités fractionnaires dont les inconvénients, sous le rapport des écritures, sont évidents. J'ai dû appeler l'attention à cet égard. » (*Circulaire du 18 mars 1852*, Bulletin officiel, *page 295*).

Il est formellement interdit de donner des acquits par anticipation.

Dans le cas où la totalité d'une espèce de matière ou d'objets ne peut être délivrée en une seule fois, les délivrances partielles et successives sont immédiatement inscrites sur des carnets cotés et paraphés par le commissaire aux approvisionnements. Chaque délivrance partielle est émargée d'un reçu provisoire du maître ou comptable. Le reçu définitif est donné sur la feuille lorsque la délivrance est complète. Après épuisement, les carnets sont déposés au bureau du commissaire aux approvisionnements.

Art. 234 de l'instruction du 1er octobre 1854.

A la fin de chaque mois, les billets ou les feuilles en suspens sont arrêtés au nombre d'articles et aux quantités délivrés. Les articles non délivrés sont annulés, pour être portés, s'il y a lieu, sur un autre billet de demande. Ces dispositions ne sont point applicables aux feuilles d'armement ; elles ne le sont point non plus aux feuilles de remplacement concernant les bâtiments, lesquelles ne sont arrêtées qu'après qu'il a été satisfait complètement à la demande, sauf l'exception mentionnée en l'article 172 de l'instruction du 1er octobre 1854.

Art. 235 de l'instruction du 1er octobre 1854.

L'ordre de délivrance est laissé au comptable, émargé, en toutes lettres, du récépissé de la partie prenante, pour les quantités délivrées : la signature est précédée de l'indication de la qualité de la partie prenante.

La demande est gardée par la partie prenante, avec l'attestation donnée par le comptable des quantités délivrées.

Art. 236 de l'instruction du 1er octobre 1854.

Dans le cas où les objets demandés, n'existant pas en magasin, sont susceptibles d'être remplacés par des objets de nature analogue, les rectifications sont opérées :

Sur les billets, par le service même qui a fait la demande ;

Art. 237 de l'instruction du 1er octobre 1854.

Et sur les ordres de délivrance, par le directeur qui a ordonné la délivrance.

Art. 238 de l'instruction du 1er octobre 1854. Les feuilles ou billets de remise (*modèles nos 19, 19 bis et 20 modifié*) sont expédiés en primata et en duplicata par le service qui remet, et visés par le chef de service qui doit recevoir, sauf la faculté accordée par les articles 83 et 229 de l'instruction du 1er octobre 1854.

Le comptable reçoit les objets avec le primata du billet de remise, et donne son récépissé sur le duplicata.

Art. 230 de l'instruction du 1er octobre 1854. Lorsque tous les articles portés sur un billet de remise ne sont point déposés simultanément dans les ateliers, les articles successivement remis sont annotés sur le primata, et le maître en donne reçu sur le duplicata, en marge de chacun de ces articles.

Les remises sur feuilles s'opèrent ainsi qu'il est dit à l'article 81 de l'arrêté ministériel du 2 décembre 1857.

Délivrances à l'armement (1).

Art. 153 de l'arrêté ministériel du 12 octobre 1859, et art. 80 du règlement du 25 août 1861. Lorsqu'il y a lieu de procéder à l'armement d'un bâtiment désarmé, chaque direction de l'arsenal dresse les feuilles des maîtres chargés, du magasinier et des autres comptables du bâtiment.

---

(1) Les bâtiments en cours d'armement, qui cessent de compter dans un port pour le personnel, doivent également cesser d'y compter pour le matériel. (*Circulaire no 16 du 23 janvier 1857, Bulletin officiel, page 45.*)

A l'exception des machines à vapeur, tous les objets classés par le règlement d'armement dans la première catégorie des articles à la charge des maîtres de bord, et qui sont compris sur les feuilles d'atelier, sont rangés dans la catégorie des accessoires de coques. (§ 1er *inséré à la page 29 de l'arrêté ministériel du 12 octobre 1859.*)

Ces feuilles sont rédigées en deux expéditions (1) : l'une (feuilles de maîtres, *modèles nᵒˢ 36 et 36 bis*) destinée à rester entre les mains du maître chargé ou autre comptable ; l'autre (feuilles de magasin, *modèle nᵒ 37 modifié*) destinée à servir de titre de délivrance au magasin particulier de la direction.

Les objets d'attache qui doivent être fournis et mis en place par les ateliers sont portés sur des feuilles spéciales (*modèles nᵒˢ 36 ter et 37 bis modifiés*).

Les machines à vapeur qui, existant en magasin, doivent être mises en place par les ateliers, sont délivrées aux maîtres de ces ateliers sur l'ordre du directeur, et portées directement, dans les écritures du garde-magasin particulier, au compte du bâtiment auquel elles sont destinées.

Les ateliers n'appliquent dans les feuilles d'ouvrage que les dépenses nécessitées par la mise en place de ces machines.

Les feuilles des maîtres ou autres comptables (*modèle nᵒ 36*) sont divisées en autant de parties qu'il y a de sections ou de dépôts dans lesquels les délivrances doivent être effectuées.

Art. 154 de l'instruction du 1er octobre 1854.

Elles sont certifiées par le directeur.

Les feuilles de magasins (*modèle nᵒ 37*) comprennent la totalité des articles à délivrer aux divers maîtres du bord dans la même localité ; elles sont revêtues de l'ordre de délivrance donné par le directeur.

Les feuilles de maîtres et les feuilles de magasins sont visées par le commissaire aux travaux, qui en opère la vérification.

Elles relatent la date de l'ordre en vertu duquel l'armement est préparé, le nombre de mois fixé pour la durée de la campagne, et la date de la décision y relative.

Elles font connaître, s'il y a lieu, les décisions du ministre,

---

(1) Les feuilles doivent être préparées à l'avance, de telle sorte qu'elles puissent être terminées aussitôt que l'ordre d'armement aura été notifié, et que le nombre de mois d'approvisionnement aura été fixé. (*Nota inséré à la page 28 de l'arrêté ministériel du 12 octobre 1859.*)

du préfet maritime ou du commandant en chef qui ont autorisé, soit les suppléments à l'armement, soit les *laissez-à-terre* ou les remises définitives.

Les objets portés pour mémoire sur le règlement d'armement ne sont délivrés que sur la demande expresse du capitaine du bâtiment, visée par le directeur compétent et par le commissaire aux travaux. Les objets sont inscrits sur la feuille du maître par l'agent administratif de la direction, et sur celle du magasin par l'agent qui opère la délivrance. Cet agent rapporte au soutien de sa feuille le billet de demande du capitaine, visé par le directeur compétent et par le commissaire aux travaux.

Art. 155 de l'instruction du 1er octobre 1854.

Les objets existant à bord au moment de l'entrée en armement sont visités et mis en état de servir par les ateliers ; ceux qui sont reconnus être hors de service sont remis en magasin.

Le directeur des mouvements du port, ou le directeur des constructions navales, selon qu'il y a lieu, dresse l'état, par maître chargé, des objets restant à bord ; il fait faire inscription de ces objets sur les feuilles des maîtres et en fait retirer récépissé.

Art. 156 de l'instruction du 1er octobre 1854.

Les délivrances sont faites à chaque maître ou comptable, ou à son délégué, sur la présentation de sa feuille ; elles sont immédiatement inscrites tant sur les feuilles des maîtres que sur les feuilles de magasin.

Les quantités y sont portées en toutes lettres.

Les délivrances sont constatées :

Sur la feuille du maître, par la certification du comptable du magasin ou de son agent;

Sur la feuille du magasin, par l'acquit de la partie prenante.

La date de chaque délivrance est annotée sur les deux feuilles.

Il est formellement interdit de faire acquitter à l'avance les feuilles de magasin.

Si dans le cas prévu par l'article 151 de l'instruction du 1er octobre 1854, l'ordre est donné de délivrer à un bâtiment, soit des objets non compris dans le règlement, soit des quantités excédant les fixations réglementaires, le chef de service compétent fait inscrire cet ordre sur la feuille du maître. *Art. 159 de l'instruction du 1er octobre 1854.*

Il en est donné immédiatement connaissance au commissaire aux travaux.

L'ordre de délivrance, visé par le directeur et par le commissaire aux travaux, est inscrit sur la feuille de magasin par l'agent qui opère la délivrance. Cet agent rapporte l'ordre qui lui a été remis au soutien de sa feuille.

Si l'autorisation est donnée de ne pas prendre des objets qui sont jugés devoir être inutiles à bord, bien qu'ils soient alloués par le règlement, il est fait mention de cette autorisation sur la feuille du maître par les soins du chef de service compétent ou par le commandant en chef, selon que la décision a été prise par le préfet maritime ou par le commandant en chef. *Art. 160 de l'instruction du 1er octobre 1854.*

Le préfet maritime, sur les comptes qui lui sont rendus par le capitaine (1) et par les directeurs, chacun en ce qui le concerne, fixe l'époque où l'armement sera clos. Trois jours après cette clôture, l'inventaire est arrêté. A compter de ce moment, aucune délivrance autre que celle des poudres, des artifices et des cartouches, qui n'a lieu qu'après la mise en rade, ne peut être opérée au moyen des feuilles des maîtres, *Art. 161 de l'instruction du 1er octobre 1854.*

(1) Aussitôt que l'armement est terminé, et que le bâtiment se trouve en mesure de recevoir à bord la commission d'armement, le capitaine en informe le préfet maritime. (*Article 217, § 1er du décret du 15 août 1851.*)

2

sauf le cas prévu par l'article 191 de l'arrêté ministériel du 12 octobre 1859.

L'époque de clôture de l'état d'armement doit précéder la mise en rade du bâtiment, sauf les cas exceptionnels qui sont laissés à l'appréciation des préfets maritimes.

Art. 162 de l'arrêté ministériel du 12 octobre 1859, modifié par le règlement du 25 août 1861.

Les feuilles des maîtres sont arrêtées au nombre d'articles délivrés (1) ou mis en place par le garde-magasin ou par l'agent administratif de la direction, après la clôture de l'armement.

Les feuilles de magasin et d'atelier sont arrêtées par les mêmes agents, au nombre et à la valeur des articles délivrés ou mis en place.

Après l'arrêté des feuilles, la valeur des objets délivrés est portée à la connaissance des directeurs.

Lors de la clôture de l'armement définitif, les feuilles de maîtres, de magasin et d'atelier sont certifiées par le directeur et vérifiées par le commissaire aux travaux, qui reste dépositaire des feuilles de magasin et d'atelier ou les trans-

---

(1) Lors des armements, les poudres et les artifices ne sont délivrés aux bâtiments qu'après leur mise en rade. Cette circonstance peut quelquefois apporter du retard dans l'arrêté de la feuille du maître canonnier et de celle du capitaine d'armes. Pour prévenir cet inconvénient, j'ai décidé que, lorsque tous les objets autres que les poudres et artifices auront été délivrés à ces maîtres, avant la mise en rade, leurs feuilles seront provisoirement arrêtées par le directeur d'artillerie, dans les termes ci-après : « Arrêté à (indiquer le nombre en toutes lettres) articles délivrés par le magasin particulier de la direction d'artillerie, non compris les poudres et artifices, cartouches au nombre de........ articles qui seront délivrés après la mise en rade. »

Lorsque la délivrance aura été complétée, le directeur d'artillerie arrêtera définitivement les feuilles. En cas de départ précipité du bâtiment, l'arrêté complémentaire sera fait par l'officier d'administration du bâtiment, sous le visa de l'officier en second et du capitaine.

Quant aux feuilles de magasin, elles continueront de n'être arrêtées qu'après l'achèvement de l'armement. (*Circulaire du 3 janvier 1852, page 3 du* Bulletin officiel.)

met à son collègue, lorsque les feuilles ont servi à compléter l'armement définitif d'un bâtiment qui compte dans un autre port.

Les feuilles des maîtres de bord leur sont immédiatement restituées.

Lorsqu'à défaut d'approvisionnement, ou par une cause quelconque de service, la quantité réglementaire inscrite à l'un des articles d'une feuille n'a pas pu être délivrée avant la clôture de l'armement, il en est fait mention sur la feuille sous la certification portée en l'article 162 de l'arrêté ministériel du 12 octobre 1859. *Art. 163 de l'instruction du 1er octobre 1854.*

Après l'armement, le conseil d'administration du port examine les observations consignées dans le rapport qui a été remis au préfet maritime par le capitaine sur cette opération. *Art. 164 de l'instruction du 1er octobre 1854.*

Le procès-verbal de la délibération présente tous les éclaircissements nécessaires sur les diverses questions traitées dans ce rapport. Il est transmis au ministre avec tous les documents à l'appui.

Lorsqu'un bâtiment désarmé doit passer à la position d'armement, l'existant à bord est reconnu en présence de l'officier en second et de l'officier d'administration du bâtiment, par les maîtres comptables, chacun en ce qui le concerne, il en est donné décharge à qui de droit. *Art. 440 de l'arrêté ministériel du 12 octobre 1859.*

Délivrances aux bâtiments armés.

Aucun bâtiment ne peut être admis à se faire ravitailler dans un arsenal, s'il n'y a été autorisé par le préfet maritime après les visites et les reconnaissances qu'il a jugé à *Art. 165 de l'instruction du 1er octobre 1854.*

propos de prescrire, par suite du rapport que le capitaine est tenu, en arrivant sur rade, de lui remettre sur les besoins du bâtiment, eu égard à l'époque des derniers remplacements, et à la nature et à la durée présumée du service qu'il doit accomplir. *(Article 304 du décret du 15 août 1851 sur le service à bord des bâtiments de la flotte)* (1).

A moins de circonstances exceptionnelles dont le préfet maritime est juge, il est interdit aux bâtiments d'adresser aux ports des demandes isolées de remplacement.

Si les bâtiments naviguent en armée, en escadre ou en division, l'état de leurs besoins est remis au commandant en chef qui se concerte avec le préfet maritime pour faire opérer les remplacements. *(Article 504 du décret du 15 août 1851 précité)*.

Le préfet notifie aux directeurs les autorisations qu'il a données.

Art. 166 de l'instruction du 1er octobre 1851. Les délivrances aux bâtiments armés ont lieu sur la demande faite par le capitaine, et relatant l'autorisation générale donnée par le préfet.

Art. 167 de l'instruction du 1er octobre 1851. Les demandes ont pour objet :

1° Le remplacement de matières consommées ;

2° Le remplacement d'objets qui ont été remis en magasin, versés à d'autres bâtiments ou aux dépôts établis à l'extérieur, cédés ou perdus ;

3° Un complément ou un supplément à l'armement (2).

---

(1) Lorsque le bâtiment est sur le point d'arriver dans un port de France, le capitaine dresse sur des états distincts, suivant les directions qui auront à y pourvoir, des listes des besoins du bâtiment, tant en réparation qu'en remplacement de rechanges, vivres et approvisionnements de toute nature.

A son arrivée au mouillage, il remet ces états au commandant en chef ou au préfet maritime, selon le cas. » *(Article 304 du décret du 15 août 1851.)*

(2) Les demandes en supplément sont celles qui sont faites en excédant

Les demandes en remplacement de matières consommées comprennent les quantités nécessaires pour compléter les fixations réglementaires, en prenant pour base l'existant à bord.

Art. 168 de l'instruction du 1er octobre 1854

Elles peuvent être établies sur feuilles ou sur billets (*modèles n°s 38 et 38 bis*).

Les feuilles de remplacement sont dressées en double expédition, par maître et par magasin particulier de direction.

Art. 169 de l'instruction du 1er octobre 1854.

Chaque feuille comprend la totalité des articles à délivrer à un maître par un magasin particulier de direction.

Une expédition (*modèle n° 38*), destinée à rester à l'appui de la comptabilité du bord, présente les indications suivantes :

1° Quantités réglementaires ;

2° Quantités existant à bord au 1er ou au 15 du mois dans lequel la demande est faite ;

3° Quantités nécessaires pour compléter les allocations réglementaires.

---

aux fixations réglementaires, en ce qui concerne, soit les quantités, soit les espèces des objets. Aux termes de l'article 92 (151 nouveau), les délivrances de cette nature doivent être autorisées par le ministre ou, en cas d'urgence, par le préfet maritime.

Les demandes en complément peuvent concerner, soit des objets qui, ayant été jugés d'abord devoir être inutiles, sont réclamés par les commandants, soit les quantités et les espèces des objets que le changement de la nature et de la durée présumée de la campagne, rendrait nécessaire d'ajouter aux fixations qui ont servi de base à l'armement primitif ou ordinaire.

Dans le premier cas, les demandes doivent être soumises à l'approbation du préfet maritime, qui a autorité pour réduire temporairement les fixations du règlement d'armement. (*Article 102 (151 nouveau) de l'instruction générale.*)

Dans le second cas, les délivrances ne peuvent avoir lieu qu'après approbation du ministre, auquel il appartient de fixer le nombre de mois d'approvisionnement à délivrer selon la nature et la durée présumée de la campagne. (*Article 94 (151 nouveau), Circulaire du 1er juillet 1847, n° 133.*)

L'autre expédition (*modèle n° 38 bis*), destinée à servir de titre au garde-magasin particulier, n'indique que les quantités à délivrer.

La feuille de demande est certifiée par l'officier d'administration et visée par l'officier en second et par le capitaine.

Le directeur ordonne la délivrance sur l'expédition destinée à servir de titre au garde-magasin particulier, et vise celle qui doit rester à l'appui de la comptabilité du bâtiment. Dans le cas où le bâtiment est en rade, il mentionne sur les deux expéditions de la feuille, que les matières et les objets dont il autorise la délivrance devront sortir de l'arsenal.

Art. 170 de l'instruction du 1er octobre 1854.

Les maîtres ou leurs délégués, porteurs des feuilles de remplacement dûment ordonnancées, les présentent au garde-magasin particulier qui délivre des coupons (*modèle n° 39*) divisés par sections et dépôts. Si les matières portées sur les coupons sont destinées à sortir de l'arsenal, il en est fait mention sur chacun de ces coupons.

Les maîtres ou leurs délégués donnent récépissé des dits coupons sur l'expédition des feuilles revêtues des ordres de délivrances, lesquelles sont laissées entre les mains du garde-magasin particulier.

Le garde-magasin certifie la remise des coupons sur l'expédition de la feuille que doit restituer le maître à l'officier d'administration du bâtiment pour rester à l'appui de la comptabilité du bord.

Art. 171 de l'instruction du 1er octobre 1854.

Les magasiniers et les préposés de dépôt opèrent les délivrances aux maîtres ou à leurs délégués en échange des coupons dûment acquittés. Ils remettent en même temps un bulletin de délivrance à talon, détaché d'un registre à souche (*modèle n° 40*), coté et paraphé par le commissaire aux approvisionnements.

Si les coupons indiquent que les objets doivent sortir de l'arsenal, les bulletins de délivrance conservent le talon, dans le cas contraire, ce talon demeure adhérent à la souche.

Dans le cas où, par une cause quelconque, la délivrance d'une matière portée sur un coupon ne peut avoir lieu, le magasinier en énonce le motif au dos de cette pièce et la renvoie au garde-magasin particulier, après avoir opéré la délivrance des autres objets portés sur le même coupon, s'il y a lieu. *Art. 172 de l'instruction du 1er octobre 1854.*

Le garde-magasin particulier indique sur l'expédition de la feuille de remplacement restée entre ses mains, les motifs qui n'ont pas permis d'opérer la délivrance : il en fait donner avis au capitaine du bâtiment et il en rend compte sans délai au directeur et au commissaire aux approvisionnements.

A leur arrivée à bord, les maîtres remettent les bulletins de délivrance à l'officier d'administration qui les rattache à la feuille de remplacement déposée entre ses mains. Si des coupons non acquittés par les magasiniers ont été conservés par les maîtres, l'officier d'administration les renvoie immédiatement au garde-magasin particulier qui fait opérer la délivrance ou se conforme aux prescriptions de l'article 172 de l'instruction du 1er octobre 1854. *Art. 175 de l'instruction du 1er octobre 1854.*

A la fin de chaque mois, et plus souvent s'il est nécessaire, l'officier d'administration règle, avec le commissaire aux travaux, les délivrances en remplacement de matières consommées, effectuées par les divers magasins de l'arsenal. Le commissaire aux travaux certifie, sur les feuilles de demande destinées à être mises à l'appui de la comptabilité du bord, la concordance de ces feuilles avec l'inventaire tenu dans ses bureaux. *Art. 176 de l'instruction du 1er octobre 1854.*

Art. 177 de l'instruction du 1er octobre 1854.

Lorsque des matières portées sur une feuille ordonnancée par un directeur, n'ont pu être délivrées, l'officier d'administration, après que le capitaine s'est entendu avec le directeur compétent, dresse, s'il y a lieu, une demande nouvelle soit des dites matières, soit de matières analogues.

Il est procédé à l'égard de cette demande, dans la forme prescrite par les articles 165 et suivants de l'instruction du 1er octobre 1854.

Art. 178 de l'instruction du 1er octobre 1854.

Les billets en remplacement de consommation (*modèles nos 38 et 38 bis*) sont dressés en double expédition, par maître et par section ou dépôt du magasin particulier dans lequel la délivrance doit être opérée.

Ils présentent les mêmes indications et sont soumis aux mêmes formalités que les feuilles de remplacement.

Art. 179 de l'instruction du 1er octobre 1854.

Les billets de remplacement ordonnancés par le directeur, sont soumis au visa du garde-magasin particulier qui doit faire opérer les délivrances.

Les magasiniers ou préposés de dépôt délivrent aux maîtres ou à leurs délégués, les matières ou les objets en échange de l'ordre de délivrance dûment acquitté. Ils certifient la délivrance sur l'expédition du billet de demande qui doit être restituée à l'officier d'administration.

Dans le cas où, le bâtiment étant en rade, le directeur a autorisé la sortie du port des matières dont il a ordonné la délivrance, les magasiniers ou préposés de dépôt remettent un bulletin de délivrance détaché d'un registre à souche (*modèle n° 40*).

Art. 180 de l'instruction du 1er octobre 1854.

Les dispositions des articles 172 à 177 de l'instruction du 1er octobre 1854 sont applicables aux billets de demande en remplacement de consommation.

Les demandes en remplacement d'objets remis sont établies par section de magasin ou par dépôt (*modèles n°s 41 et 41 bis*). Elles ne peuvent être ordonnancées par les directeurs que sur la présentation du duplicata du billet de remise dûment acquitté.

Art. 181 de l'instruction du 1er octobre 1854.

Les demandes en remplacement d'objets versés à d'autres bâtiments ou à des dépôts établis hors du territoire continental, ou cédés en mer, ou perdus, sont établies par magasin particulier ou par section ou dépôt (*modèles n°s 41 et 41 bis*), elles doivent faire mention, sous les certifications prescrites par l'article 169 de l'instruction du 1er octobre 1854, des causes du manquant à bord et, lorsqu'il y a lieu, de la partie prenante qui a délivré récépissé. Les dispositions de l'article 170 de l'instruction précitée sont applicables aux demandes en remplacement établies par magasin particulier.

Art. 182 de l'instruction du 1er octobre 1854.

Dans le cas où, lors des délivrances à faire en vertu des articles 181 et 182 de l'instruction du 1er octobre 1854, le bâtiment est en rade, le directeur qui ordonne la délivrance, mentionne sur l'ordre *(modèles n°s 41 et 41 bis)* que les matières et les objets à délivrer devront sortir de l'arsenal, l'agent du magasin qui opère la délivrance remet en même temps pour servir de billet de sortie un bulletin à talon, détaché du registre à souche (*modèle n° 40*) mentionné en l'article 171 de l'instruction du 1er octobre 1854.

Art. 183 de l'instruction du 1er octobre 1854.

Les délivrances faites après la clôture de l'inventaire ou en cours de campagne, en supplément à l'armement réglementaire ou déterminé par des décisions spéciales, sont soumises aux prescriptions des articles 151 de l'instruction du 1er octobre 1854 et 152 de la même instruction, modifié par la dépêche du 5 avril 1860 et par la circulaire du 29 septembre 1862. (*Bulletin officiel*, n° 263, page 298.)

Art. 184 de l'instruction du 1er octobre 1854.

Les demandes adressées au préfet maritime doivent faire connaître les circonstances spéciales qui motivent les dérogations à l'armement réglementaire ou une modification à l'armement primitif.

Art. 185 de l'instruction du 1er octobre 1854.

Les délivrances faites après la clôture de l'inventaire, ou en cours de campagne, pour compléter les quantités réglementaires allouées, soit par le règlement d'armement, soit par des décisions spéciales dans les cas prévus par l'article 151 de l'instruction précitée, ont lieu suivant les prescriptions déterminées par les articles 168 et suivants de la même instruction.

La demande indique le folio du règlement où sont portés les objets demandés.

Envois faits à des bâtiments en cours de campagne ou aux stations navales.

Art. 180 de l'arrêté ministériel du 12 octobre 1859.

Les envois à faire à des bâtiments en cours de campagne ou aux stations navales, sont ordonnés par le ministre ou par le préfet maritime, conformément aux ordres du ministre, et par suite de la demande des commandants en chef ou des capitaines.

Les envois sont effectués par les magasins particuliers.

Les formalités à suivre à cet égard sont les mêmes que celles qui sont déterminées pour les envois aux autres ports. Toutefois, la valeur des matières et des objets n'est point portée sur l'avis d'expédition à adresser au commandant en chef ou au capitaine.

Il est tenu par chaque garde-magasin particulier, un enregistrement spécial (*modèle n° 44*) des factures concernant les envois aux bâtiments et aux stations navales. Au commencement de chaque trimestre, le comptable dresse un état (*modèle n° 45 modifié*) des envois qui ont eu lieu pendant le trimestre précédent. Cet état, vérifié par le commissaire aux approvisionnements, est transmis au ministre dans les dix premiers jours qui suivent le trimestre écoulé.

Les envois sont justifiés par l'ordre d'expédition (*modèle n° 46*) revêtu du récépissé du capitaine du bâtiment qui doit effectuer le transport. L'évaluation des objets expédiés est portée sur l'état à transmettre au ministre.

Art. 190 de l'arrêté ministériel du 12 octobre 1859.

Les objets expédiés sont portés dans les écritures du comptable au compte : *Magasins des Stations navales*, sous le titre : *Délivrances aux Bâtiments*.

Toutefois, lorsque l'envoi s'effectue par l'intermédiaire d'un port secondaire, il est classé sous le titre : *Mouvements de comptable à comptable du même service* (1).

---

(1) Lorsqu'un bâtiment de l'Etat, en relâche sur un des points de la côte compris dans la circonscription d'un sous-arrondissement maritime, aura besoin d'objets de matériel, le commandant adressera sa demande au chef du service de la marine dans ce sous-arrondissement. Le chef du service se concertera avec le préfet maritime de l'arrondissement à l'égard des objets qu'il y aurait nécessité, ou même utilité, de faire venir des ports militaires. Les envois qui auront été autorisés par le préfet maritime, seront faits dans les formes prescrites par les article 143 (219 nouveau) et suivants de l'instruction du 15 janvier 1846.

L'administration du port secondaire recevra les objets expédiés par les ports militaires, à destination des bâtiments en relâche, et sera chargée d'en effectuer la délivrance. La recette sera portée dans les écritures de ce port, sous le titre de : *Mouvements de comptable à comptable du même service*, et la sortie y sera classée sous le titre de : *délivrance aux bâtiments*.

Les délivrances seront justifiées dans les écritures du comptable des ports secondaires, selon les formes prescrites par l'article 111 (187 modifié de cette instruction).

Les envois d'objets de matériel, destinés à des bâtiments construits par l'industrie dans les ports secondaires, seront considérés également comme *Mouvements de comptable à comptable du même service*. Les règles qui viennent d'être rappelées, sont applicables à ces envois.

Lorsque l'envoi se fait par les bâtiments de l'Etat, le capitaine et l'officier en second du bâtiment chargeur sont responsables des objets jusqu'à la remise à destination, conformément à ce qui est prescrit au paragraphe 4 du chapitre 2, du titre IV : *De la comptabilité du matériel en service à bord des bâtiments (Articles 360 à 373 inclus de l'instruction du 1ᵉʳ octobre 1854).*

Délivrances aux bâtiments en réserve.

DISPOSITIONS GÉNÉRALES RELATIVES AUX BATIMENTS ARMÉS ET AUX TROIS CATÉGORIES DES BATIMENTS EN RÉSERVE.

Art. 1ᵉʳ du décret du 25 août 1861.

Les bâtiments de la marine impériale, soit neufs, soit réparés, lorsque les essais définitifs ont été faits, et les

---

Il arrive que des objets destinés à des bâtiments en cours de campagne ou aux stations navales, sont dirigés par le service qui fait l'envoi, sur des ports secondaires pour y être réexpédiées à leur destination. Jusqu'à présent, les envois de cette nature avaient été classés, dans les écritures du comptable qui les avait effectués sous le titre: *Délivrances faites aux bâtiments, magasins des stations navales.* Les objets ainsi expédiés étaient donc portés en sortie définitive, et l'administration des ports secondaires venant s'interposer entre la sortie première des magasins et l'arrivée à destination définitive, sans être tenue de faire recette et dépense des objets, ni d'adresser au ministre aucun avis de réception et de réexpédition, il devenait très-difficile, sinon impossible, de suivre la situation des objets dont il s'agit. A l'avenir, toutes les fois que des objets destinés à des bâtiments en cours de campagne seront dirigés sur des ports secondaires, ils seront portés en sortie dans la comptabilité du port expéditeur sous le titre: *Mouvements de comptable à comptable du même service,* le comptable du port intermédiaire en fera recette au même titre ; et, lors de leur réexpédition pour leur destination définitive, les objets seront portés en sortie au compte des magasins des stations navales, sous le titre : *Délivrances faites aux bâtiments. (Circulaire du 31 janvier 1848, page 58 du Bulletin officiel.)*

installations ainsi que les emménagements terminés, sont remis au service actif de la flotte.

Les positions que ces bâtiments occupent alors sont les suivantes :

1° Bâtiments armés ;

2° Bâtiments en réserve.

La réserve se divise en trois catégories.

Les conditions dans lesquelles doivent être maintenus les bâtiments classés dans chacune de ces catégories sont déterminées, tant au personnel qu'au matériel, par un règlement du ministre de la marine et des colonies.

Art. 2 du décret du 25 août 1861.

Toutes les réparations courantes des bâtiments armés ou en réserve sont faites par le service actif de la flotte, soit par les moyens du bord, soit par les moyens de l'atelier central de la réserve.

A cet effet, il est installé dans chaque port, sur un bâtiment spécial, un atelier dont l'outillage est déterminé par le ministre.

Art. 3 du décret du 25 août 1861.

Les bâtiments armés ou en réserve qui ont à subir de grandes réparations dans les arsenaux, sont remis au service des directions de travaux. Selon les circonstances et sur la proposition du préfet maritime, la totalité ou une portion du personnel peut être maintenue à bord.

Dans cette situation, ce personnel n'est employé dans les travaux que lorsque son concours est réclamé par les directions ; mais celles-ci restent responsables de l'exécution des travaux.

Art. 4 du décret du 25 août 1861.

Les bâtiments à flot qui ne se trouvent pas dans les conditions énoncées à l'article 1er du décret du 25 août 1861 sont dans les positions suivantes :

1° Bâtiments désarmés ;

2° Bâtiments en achèvement ;

3° Bâtiments en armement.

Art. 5 du décret du 25 août 1861.

Les conditions de ces diverses positions sont déterminées par un règlement du ministre de la marine et des colonies.

Art. 9 du décret du 25 août 1861.

'Un ordre du ministre fixe ou modifie, quand il le juge utile, la position de chaque bâtiment.

Art. 10 du décret du 25 août 1861.

Un officier général ou supérieur, nommé par décision impériale, centralise dans chaque port, sous l'autorité du préfet maritime, le service des bâtiments en réserve. Il prend le titre de *major de la flotte*.

Cet officier intervient dans toutes les opérations relatives à l'armement des bâtiments à vapeur.

Il est tenu, par les capitaines, au courant de l'état et de tous les besoins, tant au personnel qu'au matériel, des bâtiments à vapeur armés, qui sont placés sous l'autorité du préfet maritime.

Il reçoit communication des ordres qui sont adressés aux chefs de service relativement à ces bâtiments. Il s'assure de l'exécution de ces ordres, soit directement, soit par les capitaines, et il en rend compte au préfet maritime.

Art. 11 du décret du 25 août 1861.

Il est adjoint au major de la flotte, et sur sa proposition, un ou plusieurs officiers, selon les besoins du service.

Il a droit à un secrétaire pris parmi les aides-commissaires ou les commis de marine.

Art. 90 du règlement du 25 août 1861.

Le service des bâtiments placés dans les trois catégories de réserve prévues par le décret du 25 août 1861 est exclusivement dirigé par le major de la flotte.

Cette direction s'exerce sans préjudice de la responsabilité des capitaines, définie à l'article 106 du règlement du 25 août 1861.

Art. 94 du règlement du 25 août 1861.

Les travaux d'entretien et les réparations courantes à

bord des bâtiments de la réserve, sont exécutés par les mécaniciens et marins qui en composent le personnel.

Il est d'ailleurs formellement interdit au major de la flotte, comme aussi à tout commandant d'un bâtiment dont les réparations sont faites par les moyens dont la réserve dispose, d'apporter sans une autorisation expresse du ministre, aucune modification ni aux installations du bâtiment, ni aux dispositions de la machine.

Il est fourni, aux bâtiments en réserve, qui en prennent charge, les embarcations nécessaires pour le service courant. Art. 101 du règlement
du 25 août 1861.

Ces embarcations sont choisies, dans les dimensions convenables, parmi celles qui ont déjà servi.

Bâtiments en réserve de la 1ᵉ catégorie.

Tout bâtiment en réserve de la 1ʳᵉ catégorie est commandé par un officier du grade auquel est dévolu le commandement du dit bâtiment quand il est armé. Art. 106 du règlement
du 25 août 1861.

Chaque capitaine est responsable de la garde de son bâtiment, de l'entretien du matériel, ainsi que de la tenue, de la discipline et de l'instruction du personnel.

La comptabilité de tout bâtiment devant entrer dans la position de réserve de la 1ʳᵉ catégorie est préalablement apurée, si le bâtiment provenant d'une des positions d'armement, change de conseil d'administration. Art. 108 du règlement
du 25 août 1861.

Le rôle d'équipage reste ouvert au titre du bâtiment, qui, pour ce qui concerne le personnel, le matériel et les vivres, est administré conformément aux décrets et règlements en vigueur pour les bâtiments armés, dans le port et en rade.

Si ce bâtiment provient de la situation des bâtiments désarmés ou en achèvement, sa comptabilité est établie comme pour un navire nouvellement armé.

Art. 114 du règlement du 25 août 1861. Indépendamment des mesures spéciales prescrites par le préfet maritime en exécution de l'article 102 du règlement du 25 août 1861, les dispositions du décret du 15 août 1851 et celles du règlement du 28 août 1852, relatives à l'administration, la visite et la conservation du matériel embarqué, sont applicables aux bâtiments de la 1re catégorie pour tout ce qui est compatible avec l'équipage réduit de ces bâtiments et leur situation particulière.

Art. 115 du règlement du 25 août 1861. Les détails de la garde et de la surveillance des feux reconnus nécessaires, pendant la nuit, dans les diverses parties des bâtiments de la 1re catégorie, occupés par le personnel embarqué, sont déterminés par le règlement local, mentionné en l'article 102 du règlement du 25 août 1861.

Bâtiments en réserve de la 2me catégorie.

Art. 116 du règlement du 25 août 1861. Les règles prescrites par les articles 106 et 108 du règlement précité sont applicables aux bâtiments de la 2me catégorie de la réserve.

Le personnel affecté aux bâtiments de cette catégorie est déterminé par le tableau B inséré à la page 632 du *Bulletin officiel* du 2e semestre 1861.

Art. 117 du règlement du 25 août 1861. Les bâtiments de la 2me catégorie n'ont pas de toiture; il leur est délivré, par la direction des mouvements du port, des capots et des prélats demi usés, en nombre suffisant; ils reçoivent, en outre, pour l'hiver, des tauds en toile huilée et des tentes pour l'été. Des dispositions particulières sont prescrites, s'il y a lieu, par le préfet maritime, sur la proposition du major de la flotte, pour assurer la fermeture des écoutilles en temps de pluie.

Les bâtiments de la 2me catégorie conservent leurs bas-mâts, tenus par des caliornes. Cependant, lorsque des embarcations devront être suspendues aux arcs-boutants, le mât d'artimon sera tenu par ses haubans et son étai. Autant que possible, ces bas-mâts sont soulagés une fois par an, afin que l'on puisse passer la visite des tenons et des emplantures.

Les hunes restent en place. Les mâts de hune sont présentés, les autres mâts et vergues sont placés en drôme sur le pont et recouverts de toiles peintes.

Le gréement des bas-mâts et celui des basses-vergues, hors la vergue barrée, sont suspendus dans les batteries ou dans l'entrepont.

Le gréement des mâts de hune et de perroquet, ainsi que les garnitures de leurs vergues et des autres espars, sont étiquetés et conservés dans les magasins du port à défaut de local particulier, pour être délivrés au bâtiment au moment de son passage à la position d'armement ou dans la 1re catégorie de la réserve.

Art. 118 du règlement du 25 août 1861.

Les embarcations, avec tout leur matériel de navigation et de combat, soigneusement mis en état et essayé, sont conservées à bord ; mais les voiles, les tapis, les tentes de jour et de nuit, les pavillons et flammes restent dans les magasins. Autant que possible les embarcations sont placées sur le pont, ou suspendues en dehors, quand elles ne gênent pas les mouvements extérieurs et la circulation.

A moins de nécessité absolue, il est interdit de se servir des embarcations du bâtiment, pour le service courant,

Art. 121 du règlement du 25 août 1861.

3

dans l'arsenal. Toutefois, une baleinière, pourvue de tout son matériel, reste à la disposition du capitaine du bâtiment.

Art. 127 du règlement du 25 août 1861.

Tout le matériel d'incendie, sans exception, est conservé à bord, et constamment entretenu en bon état.

Art. 128 du règlement du 25 août 1861.

Il n'est point embarqué de charbon sur les bâtiments de la 2ᵐᵉ catégorie.

Toutefois, dans les ports où l'embarquement du charbon est difficile et peut occasionner des retards à l'armement, le préfet maritime pourra autoriser l'embarquement d'une partie plus ou moins considérable de l'approvisionnement du combustible.

Ce charbon sera arrimé dans les soutes ou parties de soutes les mieux placées pour la facilité de la consommation, afin d'être toujours employé en premier lieu.

Art. 129 du règlement du 25 août 1861.

Tous les objets de matériel, sans exception, appartenant à un bâtiment de la 2ᵐᵉ catégorie, qui ne peuvent, pour cause de détérioration, être conservés à bord, ou dans un local particulier, restent dans les magasins du port. Mais ils sont étiquetés au nom du bâtiment, et ne peuvent être affectés à un autre navire, hors le cas d'urgence et d'absolue nécessité.

La délivrance de ces objets à un autre navire que celui auquel ils sont destinés n'a lieu que sur un ordre spécial écrit du préfet maritime, relatant le motif de l'urgence ; et les objets ainsi délivrés sont immédiatement remplacés.

Le préfet maritime rend compte sans retard au ministre de l'ordre qu'il a donné pour la délivrance et pour le remplacement des objets en question.

Art. 148 du règlement du 25 août 1861.

Sont applicables aux bâtiments de la 2ᵐᵉ catégorie, les articles 114 et 115 du règlement du 25 août 1861.

Bâtiments en réserve de la 3ᵉ catégorie.

———

Les bâtiments en réserve de la 3ᵐᵉ catégorie, sont placés sous le commandement d'un capitaine de frégate.

Cet officier supérieur commande le *bâtiment central de la réserve,* défini à l'article 165 du règlement du 25 août 1861.

Tout bâtiment avant d'être placé dans la position de réserve de la 3ᵐᵉ catégorie, est désarmé administrativement (1).

Il est affecté au service d'entretien et de conservation des bâtiments en réserve de la 3ᵐᵉ catégorie un personnel commun, dont la composition est déterminée par le tableau C annexé au règlement précité.

Ce personnel est embarqué sur le bâtiment central de la réserve et porté sur un rôle d'équipage spécial.

Les fonctions de sous-commissaire, du chirurgien de 1ʳᵉ classe et du mécanicien en chef ou principal, embar-

Art. 149 du règlement du 25 août 1861.

Art. 150 du règlement du 25 août 1861.

Art. 151 du règlement du 25 août 1861.

———

(1) L'article 150 du règlement ministériel du 25 août 1861, rendu pour l'exécution du décret du même jour sur l'armement, l'entretien, etc., des bâtiments de la marine impériale, dispose que « tout bâtiment, avant d'être « placé dans la position de réserve de 3ᵉ catégorie, est désarmé admi- « nistrativement. »

Ces bâtiments ne se trouvant pas dans la même situation que ceux auxquels s'applique l'article 423 de l'instruction générale du 1ᵉʳ octobre 1854, relatif aux désarmements administratifs, il y a eu indécision dans l'un des ports, sur le mode à suivre pour le récolement du matériel restant à bord.

En vue de faire cesser toute incertitude sur ce point, j'ai arrêté les dispositions suivantes :

Par analogie avec ce qui avait été prescrit par le dernier paragraphe de la circulaire du 18 mars 1858 (*Bulletin officiel,* page 121), à l'égard des bâtiments qui, sous l'empire du décret du 20 mai 1857, passaient de la position d'armement, de disponibilité ou de commission à celle de réserve, il sera fait application aux bâtiments qui entrent dans la 3ᵉ catégorie de la

qués sur le bâtiment central, s'étendent à tous les bâtiments de la réserve.

Le sous-commissaire tient la comptabilité du bâtiment central, et centralise celle de tous les bâtiments en réserve.

Art. 154 du règlement du 25 août 1861.

L'inventaire du matériel des bâtiments de la 3ᵐᵉ catégorie est tenu à titre distinct pour chaque bâtiment.

Un double de cet inventaire est délivré au maître mécanicien chargé de la garde et de l'entretien du bâtiment et de la machine.

Art. 192 de l'arrêté ministériel du 12 octobre 1859 et art. 155 du règlement du 25 août 1861.

Les matières et les objets de consommation nécessaires à la conservation et aux réparations courantes des bâtiments en réserve de la 3ᵐᵉ catégorie, sont fournis sur demandes établies au titre du service général de ces bâtiments. Le magasinier du bâtiment central suit pour les demandes à faire aux directions et aux magasins, et pour la justification des dépenses, les mêmes formalités que sur les bâtiments armés.

---

réserve, des règles tracées par les articles 374 à 379 de l'instruction générale du 1ᵉʳ octobre 1854, pour les désarmements définitifs. Toutefois, en raison des attributions dévolues au service des bâtiments en réserve par le règlement précité du 25 août 1861, et de la nature même du matériel laissé à bord, il y a lieu de modifier la composition de la commission chargée de procéder au récolement de ce matériel. Cette commission se composera :

Du commandant de la 3ᵉ catégorie de la réserve, président ;

D'un sous-ingénieur des constructions navales ;

D'un officier de la direction des mouvements du port ;

D'un officier de la direction d'artillerie ;

D'un sous-commissaire délégué du commissaire aux travaux.

L'officier d'administration du bâtiment central de la réserve, ainsi que le maître mécanicien chargé de la conservation du matériel laissé à bord, assistera aux opérations de la commission. L'une des expéditions du procès-verbal et de l'inventaire sera remise au commandant de la 3ᵉ catégorie de la réserve, l'autre au commissaire aux travaux. (*Circulaire nᵒ 184 du 20 juillet 1864*, Bulletin officiel, *page 35.*)

Toutes les dispositions prescrites par le chapitre 3 du titre V du règlement du 25 août 1861, pour les appareils des bâtiments de la 2me catégorie, sont applicables à ceux de la 3me.

Art. 158 du règlement du 25 août 1861.

Atelier central affecté au service de la réserve.

Dans chaque port, un atelier pourvu de l'outillage nécessaire pour assurer l'exécution des réparations courantes des navires de la réserve est installé sur un bâtiment choisi, autant que possible, parmi ceux reconnus impropres à la navigation, et qui devient le *bâtiment central de la réserve*.

Art. 165 du règlement du 25 août 1861.

Si, par exception, l'atelier central n'est pas établi sur le bâtiment central, cet atelier est complètement rattaché à la réserve de la 3e catégorie. Comme tous les bâtiments de ce groupe, il est placé sous les ordres directs du capitaine de frégate qui les commande, et il relève de l'autorité du major de la flotte.

Tous les travaux s'y exécutent sous la surveillance du mécanicien principal et la direction du premier maître mécanicien attaché à l'équipage central : ce dernier est chargé de l'inventaire et de l'entretien du matériel spécial de l'atelier, et, pour ce service, il a sous ses ordres un second maître et un quartier-maître mécanicien, quatre ouvriers chauffeurs, et le personnel d'ouvriers détachés de la division des équipages de la flotte, quand les travaux l'exigent.

Art. 167 du règlement du 25 août 1861.

Les travaux qui s'exécutent dans l'atelier central ne peuvent avoir pour objet que les réparations courantes. Il est formellement interdit d'y entreprendre aucun travail de construction,

Art. 168 du règlement du 25 août 1861.

de modification dans les organes des appareils, et toutes réparations qui ne peuvent se faire d'une manière complète et définitive au moyen de l'outillage.

Art. 169 du règlement du 25 août 1861.

L'administration de l'atelier central est suivie, tant au personnel qu'au matériel, de la même manière que celle des autres bâtiments de la réserve de la 3ᵉ catégorie. Le magasinier du bâtiment central est comptable des matières destinées aux travaux ; les délivrances ont lieu sur *bons* signés par le premier maître mécanicien chargé de l'atelier, et visés par le capitaine de frégate commandant.

L'emploi des matières délivrées est justifié par le major de la flotte.

Art. 170 du règlement du 25 août 1861.

Le major de la flotte tient la main à ce que les travaux de forge, de chaudronnerie, et tous autres qui exigent l'emploi de feux, soient, à moins de nécessité, exclusivement exécutés dans l'atelier central. Cette prescription s'applique plus particulièrement aux travaux à exécuter pour les appareils des bâtiments de la 3ᵉ catégorie.

Bâtiments armés ou de la réserve, en réparation.

Art. 173 du règlement du 25 août 1861.

Lorsque le major de la flotte juge que les réparations d'un bâtiment en réserve ne peuvent être exécutées au moyen des ressources dont il dispose, il adresse, après avoir pris les ordres du préfet maritime, des demandes aux directions compétentes, pour les réparations dont l'atelier central ne peut se charger.

Art. 176 du règlement du 25 août 1861.

Lorsqu'un bâtiment doit, après ses réparations, reprendre un service actif ou rentrer dans la réserve, aucun objet de matériel ne doit être réintégré dans les magasins ; les objets qu'il faudrait débarquer sont conservés dans un local spécial, au titre du bâtiment.

Le ministre fait d'ailleurs connaître quelle réduction doit subir l'effectif du bâtiment et quels accroissements cet effectif devra recevoir plus tard, pendant les diverses phases de la réparation.

S'il s'agit d'un bâtiment armé, destiné à passer dans la réserve de la 1re catégorie, il est ramené aux conditions de cette position, tant au matériel qu'au personnel ; le ministre fixe seulement les quantités d'approvisionnements et de vivres qui doivent être conservées à bord.

Bâtiments armés ou en réserve, qui changent de position.

Dans tous les cas où il y a lieu de procéder au désarmement administratif ou à l'apurement de la comptabilité, ces opérations doivent être faites en présence du conseil d'administration et des maîtres chargés dont la responsabilité va cesser. Les nouveaux comptables ne prennent charge qu'après la clôture de cette opération.

Le bâtiment n'entre effectivement dans sa nouvelle position qu'après l'accomplissement de ces opérations.

Art. 184 du règlement du 25 août 1861.

Dispositions concernant le major de la flotte.

Le major de la flotte reçoit des capitaines des bâtiments à vapeur revenant de la mer un bulletin de voyage sur lequel sont consignées :

Les heures de départ et d'arrivée ;

Les heures de chauffe et de marche ;

Art. 188 du règlement du 25 août 1861.

. Les quantités de charbon et de matières grasses consommées, ainsi que celles dont ces bâtiments sont encore pourvus ;

L'indication de l'état de la coque, de la machine et des chaudières, et, en général, toutes les observations qui ont pu être faites dans l'intérêt du service.

Il s'assure que le charbon a été consommé dans l'ordre où il a été embarqué, conformément aux prescriptions en vigueur.

Il reçoit en outre une récapitulation sommaire des états que les capitaines doivent remettre au préfet maritime, conformément à l'article 304 du décret du 15 août 1851.

Il reçoit également les rapports qui doivent être dressés trimestriellement, en exécution de l'article 269 du décret du 15 août 1851, sur le service à bord des bâtiments de la flotte, et il vise ces rapports avant de les remettre au préfet maritime.

Il lui est remis aussi, par les capitaines, un double des notes dressées semestriellement sur le compte des mécaniciens et chauffeurs.

Délivrances aux bâtiments de servitude et au matériel flottant.

Art. 195 de l'arrêté ministériel du 12 octobre 1859.

Les délivrances aux bâtiments de servitude et au matériel flottant ont lieu sur feuilles ou billets établis dans les formes prescrites par les articles 167 et suivants de l'instruction du 1er octobre 1854.

Lorsque les bâtiments de servitude armés ont une administration spéciale, les feuilles ou billets de demande (*modèles nos 38, 38 bis, 41 et 41 bis*) sont signés par l'officier d'administration, par l'officier en second et par le capitaine ; dans le cas contraire, ces feuilles ou billets sont signés par le capitaine comptable ou patron, et visés par le chef de service.

Les délivrances sont justifiées, dans la comptabilité du garde-magasin particulier, dans la même forme que les délivrances faites aux bâtiments.

La valeur des objets délivrés est portée sur un état spécial (*modèle n° 43*).

Des recettes, de leur constatation et de leur justification.

Les recettes d'objets de matériel à bord des bâtiments (1) proviennent :

Art. 325 de l'instruction du 1er octobre 1854.

1° De délivrances faites par les magasins de l'Etat, pendant l'armement et après l'armement (2) ;

2° De versements faits par d'autres bâtiments de l'Etat ;

3° D'envois faits par les ports ;

4° De délivrances faites par les magasins des stations navales ;

5° De délivrances faites par les magasins dans les colonies ;

6° D'achats faits en pays étrangers ;

7° De confections, de déclassements ou de démolitions faits à bord ;

8° De recensements.

Les feuilles de maîtres (*modèles nᵒˢ 56, 56 bis et 56 ter*) dressées par les chefs de services compétents, conformément aux dispositions des articles 153 et suivants de l'ins-

Art 326 de l'instruction du 1er octobre 1854.

---

(1) Lorsque des munitions de toutes sortes sont embarquées, l'officier en second s'assure, ou prescrit à l'officier de service de s'assurer que la quantité de ces munitions est conforme à celle qui est inscrite sur le bordereau et autres pièces qui les accompagnent. (*Décret du 15 août 1851, article 334.*)

(2) Voir le nota de la page 8 du présent manuel.

truction du 1er octobre 1854, constatent la recette du matériel délivré, lors de l'armement, aux maîtres et aux autres comptables, et en forment le titre justificatif.

A l'époque fixée par le préfet maritime pour la clôture de l'armement, les feuilles des maîtres et autres comptables sont remises par eux à l'officier d'administration pour servir à dresser l'inventaire (*modèle n° 85.*) du bâtiment. Elles sont rendues aux maîtres et autres comptables après la formation de cet inventaire.

Art. 327 de l'instruction du 1er octobre 1854.

Lorsque l'inventaire d'armement est arrêté, le bâtiment est visité par une commission supérieure, appelée, conformément aux dispositions de l'article 23 de l'ordonnance du 14 juin 1844, à constater l'accomplissement de toutes les dispositions prescrites à l'égard de l'armement, ainsi qu'à recevoir toutes les réclamations qui pourraient être formées par le capitaine.

Cette commission est composée :

Du major-général, président;

Du directeur des constructions navales ;

Du directeur des mouvements du port;

Du directeur de l'artillerie ;

Du commissaire aux travaux ;

Du commissaire des subsistances.

Elle opère en présence de l'inspecteur en chef de la marine.

Le major-général prévient le capitaine du bâtiment du jour et de l'heure où la commission doit se rendre à bord (1).

---

(1) Une commission de visite doit se rendre à bord de tout navire en partance pour le service des stations ou pour une mission devant le tenir éloigné plus de trois mois des ports de France (*Circulaire n° 28 du 7 février 1857*, Bulletin officiel, *page 106.*)

Il n'y a pas lieu d'étendre aux bâtiments qui arment pour faire des essais les dispositions des articles 327 et 374 de l'instruction du 1er octobre 1854. (*Circulaire n° 243 du 12 novembre 1858*, Bulletin officiel, *page 941.*)

Le capitaine, l'état-major et les maîtres chargés assistent à la visite. Art. 328 de l'instruction du 1er octobre 1854.

L'inventaire du bâtiment, ou, à défaut, les feuilles d'armement sont présentés à la commission.

Le capitaine du bâtiment, après avoir recueilli les observations des officiers et des maîtres, soumet à la commission toutes les réclamations qu'il peut avoir à faire relativement aux différentes parties de l'armement. Ces réclamations sont consignées dans le procès-verbal de la commission, qui est dressé en trois expéditions, l'une est envoyée au ministre, la seconde est remise au capitaine, et la troisième est déposée aux archives du port (1).

Après la clôture de l'armement, le capitaine remet au préfet maritime, pour être transmis au ministre, un rapport circonstancié sur la manière dont l'armement a été conduit, sur les difficultés qu'il a rencontrées, ainsi que sur les mesures qu'il y aurait à prendre pour mieux concilier la promptitude dans l'action avec les garanties administratives. Art. 329 de l'instruction du 1er octobre 1854.

Les demandes adressées par les bâtiments aux magasins de l'état, après l'autorisation mentionnée en l'article 165 de l'instruction du 1er octobre 1854, sont établies dans les formes prescrites par les articles 166 et suivants de la même instruction. Art. 330 de l'instruction du 1er octobre 1854.

Les demandes en remplacement de consommation ont pour base le manquant à bord comparativement aux fixa-

---

(1) Lorsque la commission d'armement est à bord, le capitaine lui présente toutes les observations et les réclamations qu'il juge utiles, il en requiert l'insertion au procès-verbal.

Pendant les opérations de la commission d'armement, le capitaine exige que tout le monde soit présent à bord. (*Décret du 15 août 1851, article 217, §§ 3 et 4.*)

tions réglementaires, à l'époque du premier ou du quinze du mois.

Elles sont dressées, sur l'ordre du capitaine, par le magasinier, certifiées par l'officier d'administration, et visées par l'officier en second et par le capitaine.

Il est établi des demandes spéciales :

1° Pour les remplacements d'objets remis, versés à d'autres bâtiments, aux dépôts établis à l'extérieur, cédés ou perdus;

2° Pour complément à l'armement ;

3° Pour supplément à l'armement.

Art. 331 de l'instruction du 1er octobre 1854. L'officier d'administration est responsable des délivrances qui, par suite des indications inexactes présentées par les billets ou feuilles certifiés par lui, conformément aux dispositions de l'article 330 de l'instruction du 1er octobre 1854, auraient été faites en excédant au manquant constaté par les écritures.

Art. 333 de l'instruction du 1er octobre 1854. L'officier d'administration est tenu, sous sa responsabilité, de mentionner le remplacement des objets versés, cédés ou perdus, en marge des documents constatant le versement, la cession ou la perte.

Art. 335 de l'instruction du 1er octobre 1854. En cours de campagne, les demandes d'objets de matériel qu'il serait jugé utile de faire venir des ports de France, sont adressées au ministre. Elles indiquent la situation des existants à bord au moment où elles sont formées, et la situation présumée à l'époque où le matériel demandé pourra parvenir au bâtiment, ainsi que les motifs qui s'opposent à ce que le ravitaillement se fasse sur les points de relâche. Les dispositions de l'article 331 de l'instruction du 1er octobre 1854 sont applicables aux demandes mentionnées dans le présent paragraphe (1).

(1) L'examen des demandes d'objets de matériel qui me sont faites pour les bâtiments en cours de campagne, les stations navales ou les magasins

En pays étrangers, les achats sont ordonnés par le com- mandant en chef, si le bâtiment navigue en armée, en

Art. 339 de l'instruction du 1er octobre 1854.

---

du service métropolitain dans les colonies m'a donné lieu de remarquer que l'on ne se conforme pas exactement aux prescriptions tracées par mes prédécesseurs, notamment par les circulaires du 31 octobre 1850, et du 12 février 1855.

Il importe de suivre des règles uniformes qui, en facilitant l'appréciation des demandes de cette nature, permettent aux ports chargés des envois, de satisfaire aussi complétement que possible aux besoins qui sont signalés.

Je crois donc devoir vous rappeler les instructions qui vous ont été déjà adressées à ce sujet, en les complétant de nouvelles recommandations, dont l'expérience m'a fait reconnaître l'utilité.

Les demandes de matériel me sont souvent adressées trop tardivement. On ne doit pas attendre, pour signaler les besoins, que l'approvisionnement soit déjà à peu près épuisé, car il s'écoule toujours un temps assez long avant que les envois puissent parvenir à destination, lors même que les distances sont peu considérables. Il arrive fréquemment, d'ailleurs, que les occasions manquent ou tardent à se présenter.

Il est important que les demandes soient établies d'une manière très-précise, que les numéros de la nomenclature générale des matières soient indiqués en regard de chaque article ; que les états contiennent les renseignements les plus explicites sur la destination des objets, sur leurs formes, leurs dimensions, et qu'ils soient accompagnés de croquis cotés, toutes les fois qu'il s'agit d'objets confectionnés de formes variables.

J'ai constaté aussi que les demandes de matériel sont généralement exagérées, et basées, non pas tant sur les besoins réels que sur les fixations du règlement d'armement ; or, ces fixations, calculées dans la supposition de chances de navigation très-défavorables, constituent un *maximum* auquel les consommations ne doivent jamais atteindre, à moins de circonstances extraordinaires. Si on les prend pour règle absolue, il peut en résulter, soit une certaine prodigalité dans les consommations, soit de notables déchets dans les matières conservées à bord ou dans les magasins, soit encore une surcharge inutile pour les bâtiments.

Il y a lieu de rentrer à cet égard dans les voies d'une économie sage et bien entendue, en limitant les demandes aux quantités réellement nécessaires pour assurer le service.

Je désire par suite, afin d'être en mesure d'apprécier les besoins, que les états de demande d'objets de matériel pour les stations navales, pour les bâtiments en cours de campagne ou pour les magasins de prévoyance des colonies donnent, *pour chaque article*, les renseignements suivants :

escadre ou en division ; et par le capitaine, s'il navigue isolément. (*Article 113 du décret du 15 août 1851*) (1).

Les achats d'objets de matériel ou de consommation ne doivent être ordonnés que dans le cas d'une nécessité absolue dont il doit être justifié. (§ *1ᵉʳ de l'article 85 du décret du 15 août 1851*) (2).

La consommation pendant l'année précédente, ou pendant les six derniers mois, si l'armement n'est pas plus ancien ;

La situation de l'existant au moment où la demande est formée ;

La quantité allouée par le règlement d'armement, pour les bâtiments en vue desquels la demande est faite, et pour une période de six, de douze ou de vingt-quatre mois, suivant le plus ou moins de facilité des ravitaillements ;

La quantité réellement nécessaire, pour la même période, défalcation faite des ressources de l'approvisionnement, des achats sur place et des envois attendus ;

L'encombrement approximatif du matériel demandé, d'après les tarifs d'arrimage de la marine ;

Enfin, les motifs qui s'opposent à ce que le ravitaillement se fasse dans la localité.

Les états dont il s'agit devront aussi mentionner, sur la feuille de titre, le nom, le rang et la catégorie des bâtiments composant les stations navales, ou pour lesquels les objets de matériel sont demandés.

Les états seront divisés, suivant l'ordre du règlement d'armement, par article de maître.

J'ai fait arrêter, au surplus, un modèle d'état dont vous trouverez ci-après un spécimen. Je vous en enverrai plus tard des exemplaires.

Veuillez donner des ordres pour que l'on se conforme à ce cadre, en tenant compte des recommandations qui précèdent.

Les états de demande de matériel devront toujours m'être transmis en *triple expédition*, sous le timbre de la direction du matériel, bureau des approvisionnements généraux. Deux expéditions seront jointes au primata de la lettre d'envoi, la troisième au duplicata. Je désire que ces documents me soient adressés régulièrement, autant que possible, dans le courant du 1ᵉʳ trimestre de chaque année. (*Circulaire n° 222 du 8 juillet 1862*, Bulletin officiel, *page 97*).

(1) En pays étranger, le commandant en chef ordonne les achats de vivres, de munitions et du numéraire nécessaires aux bâtiments placés sous ses ordres. (*Article 113 du décret du 15 août 1851.*)

(2) Le commandant en chef fait observer la plus stricte économie dans

Tout achat d'objets non réglementaires ou de matières en quantité supérieure à celle qui est allouée par le règlement d'armement, ou par les décisions spéciales, engage la responsabilité de l'officier qui l'a ordonné.

Les achats en pays étranger ont lieu :

Soit par marchés passés avec concurrence et publicité ;

Soit par marchés passés de gré à gré ;

Soit sur simples factures, dans les cas prévus par le règlement financier du 31 octobre 1840. (*Article 80 du Décret impérial portant Règlement général sur la Comptabilité publique du 31 mai 1862*) (1).

Le mode d'après lequel il doit être traité est déterminé, à raison des circonstances et des localités, par le commandant en chef (*Article 609 du décret du 15 août 1851*), ou par le capitaine, sur la proposition du commissaire d'escadre ou de division, ou sur celle de l'officier d'administration, suivant qu'il s'agit d'une escadre, d'une division ou d'un bâtiment naviguant isolément.

Art. 340 de l'instruction du 1er octobre 1854.

Les clauses et conditions des marchés destinés à pourvoir aux besoins d'une armée navale, d'une escadre ou d'une division, sont établies par le commissaire de l'armée, de l'escadre ou de la division, de concert, s'il y a lieu,

Art. 341 de l'instruction du 1er octobre 1854.

la consommation des munitions de toutes sortes, et s'attache à éviter, autant que possible, des achats en pays étranger ; enfin, il fait tous ses efforts pour se suffire avec ses propres ressources, et, dans ce but, il se fait rendre compte par l'officier d'administration employé en chef, et par le chef d'état-major, chaque fois qu'il le juge convenable, de l'état (*modèle nos 10 et 11*) des approvisionnements des bâtiments sous ses ordres. (*Décret du 15 août 1851, article 85, § 1er.*)

(1) A compter du 1er juillet 1852, les dépenses du matériel sont passibles de la retenue de 3 p. 0/0 au profit de la caisse des invalides de la marine. (*Article 23 de la loi de finances du 8 juillet 1852, et circulaire du 17 même mois, Bulletin officiel, page 54.*)

pour les conditions techniques, avec un officier de marine, un officier du génie maritime (*Article 635 du décret du 15 août 1851*), ou un officier de santé (*Article 660 du décret précité*) (1) suivant la nature des objets à acheter.

Elles sont soumises à l'approbation du commandant en chef.

Art. 342 de l'instruction du 1er octobre 1854. Les marchés mentionnés en l'article 341 de l'instruction du 1er octobre 1854 sont passés par le commissaire de l'armée, de l'escadre ou de la division, en présence d'une commission composée du chef d'état-major, d'un officier de marine, d'un officier du génie maritime ou d'un officier de santé, suivant la nature des objets à acheter. Ces marchés sont également soumis à l'approbation du commandant en chef (*Article 609 du décret du 15 août 1851*) (2).

Art. 343 de l'instruction du 1er octobre 1854. Les clauses et conditions des marchés pour le service d'un bâtiment naviguant isolément sont établies par l'officier d'administration et soumises à l'approbation du capitaine.

---

(1) Le chirurgien fait partie des commissions formées, soit pour constater la détérioration ou la perte des médicaments ou autres objets embarqués pour le service des malades, soit pour l'achat et les recettes des mêmes objets. Il fait également partie des commissions qui ont été formées pour procéder à la recette et à la visite des vivres. (*Article 660 du décret du 15 août 1851.*)

(2) Lorsque dans les colonies françaises ou dans les ports étrangers, il y a lieu de faire des remplacements, fournitures ou achats, le commissaire d'armée, d'escadre ou de division, en fait dresser un état qu'il soumet au visa et à l'approbation du commandant en chef.

En pays étranger, il procède à la passation des marchés, et il en rédige les conditions.

Il dépose une copie de ces marchés à la chancellerie du port où ils ont été passés, et il y inscrit ses observations sur la manière dont les clauses qu'ils renferment ont été remplies. Il émet, après les avoir soumises à la signature du commandant en chef, les traites destinées à acquitter les dépenses faites en pays étranger. (*Article 609 du décret du 15 août 1851.*)

Ces marchés sont passés par une commission composée :
De l'officier en second du bâtiment ;
D'un officier chef de quart désigné par le capitaine ;
De l'officier d'administration.

La commission opère avec le concours du maître compétent.

Dans le cas où les denrées, matières ou objets à acheter concernent le service de santé ou la nourriture de l'équipage, le chirurgien-major fait partie de la commission.

Les marchés sont soumis également à l'approbation du capitaine.

Dans les localités où la France entretien des consuls, les marchés sont passés dans les chancelleries et en présence de ces agents, mais sans leur intervention directe. *Art. 344 de l'instruction du 1er octobre 1854.*

Deux expéditions des marchés passés en pays étranger sont adressées au ministre par le commandant en chef ou par le capitaine. Une expédition est déposée, lorsqu'il y a lieu, dans les chancelleries (1). *Art. 345 de l'instruction du 1er octobre 1854.*

Justification des recettes de matières et d'objets provenant des délivrances faites par les magasins.

Les recettes provenant des délivrances faites par les magasins sont justifiées : *Art. 332 de l'instruction du 1er octobre 1854.*
Soit par les feuilles de demande annotées de la certifi-

---

(1) Le capitaine fait déposer à la chancellerie du port où ils ont été passés une copie des marchés qu'il a été nécessaire de faire pour approvisionner son bâtiment.

Il inscrit sur cette copie ses observations sur la manière dont les conditions de ces marchés ont été remplies. (*Article 243 du décret du 15 août 1851.*) *Voir la circulaire du 30 novembre 1845 au 2e nota de la page 196 de l'instruction du 1er octobre 1854.*

4

cation de la délivrance donnée par le commissaire aux travaux ;

Soit par les billets de demande revêtus de la certification des délivrances données par le comptable ;

Soit, enfin, par les bulletins de délivrance mentionnés en l'article 171 de l'instruction du 1er octobre 1854, lorsque la feuille du bord n'a pas pu être certifiée par le commissaire aux travaux.

Justification des recettes de matières et d'objets provenant des versements faits par d'autres bâtiments.

Art. 334 de l'instruction du 1er octobre 1854.

Les recettes provenant des versements faits par d'autres bâtiments sont constatées et justifiées par une expédition de l'état des matières versées, mentionné dans les articles 357 et 365 de l'instruction du 1er octobre 1854 (*modèle n° 86*).

Il n'est fait écriture, dans la comptabilité du bord, que des versements d'objets destinés au service du bâtiment.

Ainsi qu'il est dit à l'article 366 de l'instruction susénoncée, le compte des objets versés par d'autres bâtiments, pour être transportés en France, est suivi sur le registre des objets en cours de transport mentionné en l'article 361 de la même instruction.

Justification des recettes de matières et d'objets envoyés par les ports.

Art. 336 de l'instruction du 1er octobre 1854.

Les recettes d'objets envoyés par les ports sont constatées et justifiées par l'avis d'expédition revêtu du récépissé des maîtres et autres comptables. Le capitaine du bâtiment qui a reçu les objets fait parvenir au ministre un certificat de réception (*modèle n° 87*) par la première occasion qui se présente ; les matières et les objets reçus sont classés dans l'ordre de la nomenclature ; ce certificat relate le numéro et la date de la facture, ainsi que la désignation du service et du port expéditeur. Il fait connaître les maîtres et autres comptables qui ont pris charge des matières et des objets, ainsi que la date de cette prise en charge dans la comptabilité du bord.

Dans le cas où les quantités reçues diffèrent des quantités annoncées par l'avis d'expédition et par les factures., les différences sont constatées par un procès-verbal (1) dressé en deux expéditions et faisant connaître les causes de ces différences. Une expédition est mise à l'appui de la comptabilité du bâtiment. L'autre expédition est annexée au certificat de réception à adresser au ministre.

Justification des recettes de matières et d'objets délivrés par les magasins des stations navales.

Les délivrances faites par les magasins des stations navales s'opèrent dans les formes prescrites par les articles 357 et 406 de l'instruction du 1er octobre 1854. La recette est justifiée par l'état de versement revêtu de la certification de prise en charge par les maîtres ou autres comptables.

Art. 337 de l'instruction du 1er octobre 1854.

---

(1) Le même procès-verbal de recette ne doit pas comprendre des objets de matériel appartenant à divers services. (*Circulaire n° 227 du 6 septembre 1855*, Bulletin officiel, *page 697.*)

Justification des recettes de matières et d'objets délivrés dans les colonies.

Art. 338 de l'instruction du 1er octobre 1854.

Les objets délivrés dans les colonies aux bâtiments de l'état proviennent soit des magasins établis pour le service de la métropole, soit des magasins des colonies (1).

La demande de ces objets est faite dans les formes déterminées par l'article 330 de l'instruction du 1er octobre 1854.

Les duplicata des feuilles ou des billets de demande constatent les recettes des bâtiments, indépendamment des états de délivrance qui sont dressés par les soins des fonctionnaires des colonies et dont une expédition doit être adressée au ministre par l'administration coloniale (2).

Justification des recettes de matières et d'objets livrés en exécution des marchés.

Art. 346 de l'instruction du 1er octobre 1854.

Les objets livrés, en exécution des marchés, sont examinés par une commission composée comme il est prescrit à l'article 343 de l'instruction du 1er octobre 1854 et dont fait partie, lorsqu'il y a lieu, l'officier du génie maritime atta-

---

(1) NOTA : Alors même qu'à défaut d'approvisionnement, les matières et les objets nécessaires au service du bâtiment seraient achetés par l'administration coloniale, les matières et les objets achetés seraient pris en charge par le comptable de la colonie, et ils seraient portés en recette dans la comptabilité du bâtiment à titre de délivrance.

(2) Les ordres de délivrance portant acquit de la partie prenante, doivent être mis à l'appui des relevés trimestriels des recettes et des dépenses effectuées dans les dépôts. L'autre expédition devra être rendue au comptable, revêtu par l'autorité compétente, d'une certification de conformité avec les ordres de délivrance acquittés. (*Circulaire n° 73 du 2 avril 1858*, Bulletin officiel, *page 250, et circulaire n° 258 du 30 octobre 1860*, Bulletin officiel, *page 381*.)

ché au bâtiment ou à l'escadre. Cette commission constate par procès-verbal la quantité et la qualité des objets.

Les objets sont reçus à bord sur des bulletins tenant lieu de demande, remis au maître, et portant mention de la délivrance effectuée par le fournisseur.

Le paiement des livraisons faites en exécution des marchés passés en pays étrangers est effectué au moyen de traites sur le caissier central du trésor public à Paris (1). *Art. 347 de l'instruction du 1er octobre 1854.*

Les règles relatives à l'émission et à la justification des traites sont déterminées par l'ordonnance du 7 novembre 1845.

Une expédition du marché et de la facture et une expédition de l'état de liquidation des objets achetés en pays étrangers, revêtue du récépissé des comptables, constatent et justifient la recette dans la comptabilité du bâtiment. *Art. 348 de l'instruction du 1er octobre 1854.*

---

(1) L'ordonnance du 7 novembre 1845 (*modèle n° 7*), et, en dernier lieu, l'instruction du 1er octobre 1854 (article 347) sur la comptabilité des matières, ont déterminé le mode d'après lequel la réception des médicaments, vivres et objets d'approvisionnement achetés à l'étranger, pour le service des bâtiments en cours de campagne, doit être constatée.

D'après les actes que je viens de citer, la certification mise au bas des états relatifs aux fournitures de l'espèce, doit être signée, d'abord, par l'officier chargé du détail, et l'officier d'administration, puis, par le commandant, qui y appose son visa.

Néanmoins, l'examen des pièces produites à l'appui des liquidations des dépenses effectuées dans ces conditions, m'a donné lieu de reconnaître que ces prescriptions ne sont pas toujours convenablement exécutées.

Ainsi la certification dont j'ai rappelé la forme, se trouve remplacée assez souvent par celle que donnent collectivement les autorités du bord, en leur qualité de membres du conseil d'administration.

Les attributions du conseil d'administration ne s'appliquent aucunement à la réception à bord des objets de matériel ; elles sont, au surplus, définies par l'ordonnance du 11 octobre 1836 (titre XII), et ne doivent pas s'étendre au delà. (*Circulaire n° 198 du 18 août 1856*, Bulletin officiel, *page 699*). Voir également le décret du 11 août 1856, portant règlement sur la solde, les revues, etc., en ce qui concerne les attributions des conseils d'administration. (*Bulletin officiel*, page 207, tome supplémentaire).

Justification des recettes d'objets provenant de confections exécutées à bord des bâtiments.

Art. 354 de l'instruction du 1er octobre 1854.

Il ne peut être confectionné à bord que des objets accordés par le règlement, et cette confection ne peut avoir lieu que dans le cas où il est reconnu nécessaire de remplacer les objets de même nature faisant partie de l'armement. Si le bâtiment se trouve sur l'une des rades ou dans l'un des ports de France, la confection doit avoir été préalablement approuvée par le préfet maritime.

Les confections sont exécutées d'après les ordres écrits du capitaine, au moyen des matières de remplacement embarquées pour le service de la campagne.

Elles sont justifiées par un état dressé par l'officier d'administration, certifié par l'officier en second et visé par le capitaine : cet état indique les matières employées et les produits obtenus ; il désigne l'agent qui était comptable des matières et celui qui a pris charge des objets confectionnés ; il est revêtu du récèpissé de ce dernier agent.

Art. 349 de l'instruction du 1er octobre 1854.

Il est fait recette de tous les objets provenant des confections exécutées à bord ; la recette est justifiée par l'état mentionné en l'article 354 de l'instruction du 1er octobre 1854.

Justification des recettes de matières provenant d'objets réparés.

Art. 349 de l'instruction du 1er octobre 1854.

La recette des matières provenant des objets réparés est justifiée par un état dressé par l'officier d'administration, certifié par l'officier en second, visé par le capitaine et revêtu de la déclaration de prise en charge par le comptable.

Justification des déclassements et des produits de la démolition des objets condamnés.

Les déclassements et les produits de la démolition des objets condamnés sont constatés par les procès-verbaux des commissions qui ont visité ces objets, les dits procès-verbaux revêtus de l'approbation du capitaine.

Art. 349 de l'instruction du 1er octobre 1854.

Dans les cas où des objets usés pendant la campagne ne peuvent pas être conservés à bord, ou lorsqu'il est nécessaire de les employer à d'autres usages, l'état de ces objets et la nécessité d'en changer l'emploi sont constatés par une commission nommée par le commandant en chef ou par le capitaine du bâtiment.

Art. 355 de l'instruction du 1er octobre 1854.

Cette commission est composée (1) :

De l'officier en second, président ;

D'un officier de vaisseau ;

D'un officier du génie maritime, s'il y a lieu ;

Et de l'officier d'administration.

Elle est assistée du maître chargé.

---

(1) Lorsqu'il lui est rendu compte qu'il existe à bord des munitions navales de toute nature, des vivres ou des rafraîchissements avariés, le capitaine nomme une commission pour les examiner, et cette commission dresse procès-verbal de leur état.

S'il s'agit d'examiner des munitions navales, la commission est composée de l'officier en second, d'un officier de vaisseau, du maître dans l'article duquel sont les approvisionnements à examiner et de l'officier d'administration. D'après le procès-verbal de la commission, le capitaine ordonne les dispositions que le résultat de la visite exige. (*Article 242 §§ 1, 2 et 4 du décret du 15 août 1851.*)

Les capitaines doivent mettre tous leurs soins à rapporter dans les arse-

La destruction ou le changement d'emploi n'est opéré que sur l'ordre du capitaine du bâtiment, ou sur celui du commandant en chef, si le bâtiment navigue en armée, en escadre ou en division. Cet ordre est donné au pied du procès-verbal de la commission.

La destruction, la démolition et les produits de la démolition sont constatés par un procès-verbal inscrit à la suite du procès-verbal de condamnation : les deux procès-verbaux servent de pièces justificatives de la dépense des objets démolis.

Prescriptions relatives aux réintégrations en magasin des objets délivrés en supplément à l'armement.

Art. 322 de l'instruction du 1er octobre 1854.

Lors du retour dans l'un des ports de France, après l'achèvement d'une mission qui aurait motivé des délivrances en supplément à l'armement, l'officier d'administration est tenu, sous sa responsabilité, de faire connaître par écrit au capitaine, les objets à réintégrer en magasin. Il

naux les objets usés pendant la campagne. Ce n'est qu'en cas d'impossibilité absolue de conserver ces objets à bord, et d'utiliser leurs produits qu'ils peuvent en ordonner la destruction après l'avis de la commission dont il est question dans l'article 355 (*Instruction du 1er octobre 1854*) mais, dans ce cas, leur ordre doit être donné par écrit, et la destruction des objets constatée à la suite du procès-verbal de condamnation. (*Circulaire du 22 septembre 1853*, Bulletin officiel, *page 638*.)

Les sacs, les barils, les boites, les bouteilles, etc, contenant des denrées à détruire, doivent toujours être remis dans les magasins après nettoyage, à moins que, pour prévenir les mauvais effets d'émanations putrides, il ne soit indispensable d'enterrer ou de jeter le tout ensemble à la mer; circonstance qu'il faudrait alors mentionner avec détail dans le rapport annexé au procès-verbal de condamnation. (*Circulaire n° 176 du 18 juillet 1855*, Bulletin officiel, *page 500*.)

est fait mention de cette communication au registre des procès-verbaux.

Des dépenses, de leur constatation et de leur justification.

Les dépenses d'objets de matériel, à bord des bâtiments de l'Etat, comprennent :
Art. 350 de l'instruction du 1er octobre 1854.

1° Les consommations ordinaires pour le service du bord ;

2° Les consommations extraordinaires et les pertes résultant d'accidents de la navigation ;

3° Les condamnations et les transformations faites à bord ;

4° Les remises en magasins ;

5° Les versements à d'autres bâtiments de l'Etat ;

6° Les cessions faites au service colonial, à des navires de guerre étrangers ou à des navires du commerce ;

7° Les déficits constatés par recensement.

Justification des délivrances de matières et d'objets déposés au magasin général du bord.

Ainsi qu'il est dit à l'article 317 de l'instruction du 1er octobre 1854, les consommations ordinaires (1) pour l'entretien et le service du bâtiment sont ordonnées par l'officier en second.
Art. 351 de l'instruction du 1er octobre 1854, art. 697 du décret du 15 août 1851, et art. 57 du règlement annexé audit décret.

---

(1) Le commandant en chef fait observer la plus stricte économie dans la consommation des munitions de toutes sortes.

Il veille à ce qu'il ne soit porté sur les états de consommation que les dépenses réellement effectuées sur les différents articles d'approvisionnement, et interdit formellement toute consommation fictive qui dénaturerait la

Les délivrances de matières et d'objets déposés au magasin général du bord, s'opèrent sur des *Bons de délivrance* (*modèle n° 88*), signés par les maîtres et visés par l'officier en second. Toutefois, dans les cas d'urgence, les délivrances ont lieu sur simple réquisition verbale d'un officier ou d'un maître ; l'officier d'administration doit en être informé sans retard. Elles doivent être régularisées dans les vingt-quatre heures.

Les quantités non employées sont immédiatement reversées au magasin et portées en déduction sur les *Bons*.

Le 1ᵉʳ ou le 15 du mois, les consommations effectives sont résumées dans des états collectifs par maîtres ou comptables.

Justification des consommations extraordinaires.

Art. 352 de l'instruction du 1ᵉʳ octobre 1854.

Les consommations extraordinaires ne doivent être ordonnées par le capitaine que dans le cas de nécessité absolue. Le capitaine est tenu, pour couvrir sa responsabilité, de faire constater dans le journal du bord l'événement qui a motivé son ordre, et de faire dresser un procès-verbal spécial (1) au vu du journal du bord. La dépense des matières et des objets est justifiée par l'ordre écrit du capitaine ; cet ordre demeure annexé au procès-verbal.

---

situation réelle de l'existant à bord. (*Article 85 du décret du 15 août 1851.*)

Lorsque le capitaine a reçu l'ordre d'entrer dans l'arsenal, il en informe le commandant supérieur de la rade. Il donne l'ordre de débarquer la poudre et fait cesser à bord toute consommation d'objets dont l'emploi n'est plus indispensable. (*Article 308 du décret du 15 août 1851.*)

(1) Nota : Les procès-verbaux doivent indiquer le lieu où le bâtiment se trouve, et, s'il est en mer, la longitude et la latitude.

Justification des pertes résultant d'accidents de la navigation.

———

Les pertes résultant d'accidents de la navigation, sont constatées et justifiées par des procès-verbaux dressés par l'officier d'administration dans les vingt-quatre heures de l'événement, au vu du rapport détaillé inscrit sur le journal du bord par l'officier de quart. Art. 353 de l'instruction du 1er octobre 1854.

Les procès-verbaux sont visés par l'officier en second et par le capitaine.

Pour les pertes accidentelles de menus objets, il n'est pas dressé de procès-verbal spécial : cette perte est suffisamment justifiée par la mention qui en est faite sur le journal du bord : au vu de ce journal, l'officier d'administration les porte sur l'état des consommations : toutes les circonstances dans lesquelles la perte s'est produite sont relatées sur cet état (1).

———

(1) Les officiers d'administration des bâtiments ont conservé l'habitude de récapituler, dans des procès-verbaux dressés, soit à la fin du mois, soit à la fin du trimestre, ou même en fin d'année, les pertes d'objets de faible importance survenues à bord dans le cours ordinaire du service.

L'article 353 (*Instruction du 1er octobre 1854*) n'exige, à l'égard des pertes de ces sortes d'objets, d'autres justifications que leur inscription sur les journaux du bord et sur le registre des consommations ; mais il convient que les circonstances dans lesquelles ces pertes ont eu lieu, soient relatées avec soin et avec assez de développement pour que l'on puisse apprécier si elles proviennent d'événements de force majeure ou de toute autre cause.

Lors de la reddition des comptes, le commissaire des travaux devra s'assurer, en vérifiant le registre des consommations, au moyen des journaux du bord, de l'exécution de cette disposition, et signaler les différences qu'il aurait reconnues. Mention de cette vérification sera faite dans le rapport d'apurement de la comptabilité. (*Circulaire du 17 janvier 1852,* Bulletin officiel, *page 35.*)

Justification des versements faits à d'autres bâtiments.

Art. 357 de l'instruc-
tion du 1er octobre
1854.

Les versements faits à d'autres bâtiments sont ordonnés par le capitaine ou par le commandant en chef, si le bâtiment fait partie d'une armée, d'une escadre ou d'une division.

Il est dressé, par le magasinier du bâtiment qui opère le versement, un état (*modèle n° 86*), en triple expédition des objets versés. Cet état est arrêté par l'officier d'administration, et visé par l'officier en second et par le capitaine ; il est revêtu du récépissé du maître chargé, et il est visé par l'officier d'administration, par l'officier en second et par le capitaine du bâtiment auquel est fait le versement.

Une expédition de l'état de versement est gardée à bord de ce dernier bâtiment ; la seconde est destinée au commissaire aux travaux du port auquel appartient ce bâtiment, et la troisième reste, comme pièce justificative de la dépense, à l'appui de la comptabilité du bâtiment qui a opéré le versement.

Lorsque le versement concerne des objets hors de service et à renvoyer en France, l'expédition de l'état de versement destinée au port d'armement, est adressée au ministre.

Justification des versements faits aux magasins des stations navales.

Art. 367 de l'instruc-
tion du 1er octobre
1854.

Dans les localités où il existe un magasin des stations navales, soit à bord d'un bâtiment, soit à terre, les objets hors de service à bord des bâtiments affectés à la station peuvent être versés dans ce magasin.

Il est donné récépissé, par l'agent du magasin, au bâtiment qui effectue la remise.

Un duplicata du récépissé, portant la certification de prise en charge par le comptable qui a reçu, est adressé au ministre.

Les renvois d'objets hors de service, effectués par les magasins des stations navales, ont lieu, pour compte de chacun des bâtiments qui ont opéré des versements, suivant les formes prescrites par l'article 366 de l'instruction du 1er octobre 1854.

Justification des cessions faites au service colonial, à des bâtiments de guerre étrangers ou à des navires du commerce (1).

Les cessions faites au service colonial, à des bâtiments de guerre étrangers, ou à des navires du commerce, sont constatées et justifiées de la même manière que les verse-

Art. 358 de l'instruction du 1er octobre 1854.

---

(1) Le commandant d'un bâtiment de la marine impériale a cru devoir, en cours de campagne et sur la demande d'un de nos agents diplomatiques, lui faire la cession de quelques armes et d'un instrument de précision pour le compte du département des affaires étrangères. Les officiers commandants, ou autres ne devant, sous aucun prétexte, disposer d'objets appartenant à quelque titre que ce soit, au matériel d'un navire de l'Etat, sans en avoir préalablement obtenu l'autorisation du ministre de la marine, vous voudrez bien donner les ordres les plus précis aux commandants des bâtiments sous vos ordres pour qu'un fait de cette nature ne puisse se renouveler. (*Circulaire n° 288 du 24 décembre 1856*, Bulletin officiel, *page 1218.*)

Le commandant d'un de nos bâtiments, s'appuyant sur les termes de la circulaire du 24 décembre 1856, a cru devoir refuser d'obtempérer à une demande de cession d'objets d'armement de son bâtiment qui lui avait été faite par le gouverneur d'une de nos colonies.

La circulaire en question ne saurait avoir un caractère aussi absolu, surtout lorsqu'il s'agit de demandes de cessions à un des services du département, appuyées sur des motifs d'urgence suffisants pour sauvegarder la

ments faits à un bâtiment de l'état. Une expédition de l'état de versement est transmise, par la première occasion, au port chargé de suivre la comptabilité du bâtiment; elle est communiquée au commissaire aux travaux, et transmise au commissaire aux approvisionnements chargé de pourvoir au recouvrement de la valeur des objets cédés, sauf, s'il y a lieu, toutes poursuites dans les formes légales à raison de débet envers l'Etat. La date de transmission est annotée sur le registre des sorties, en marge du versement que l'état concerne.

Dispositions générales relatives aux remises faites par les bâtiments.

Art. 78 de l'instruction du 1er octobre 1854.

Quelle que soit la position réglementaire dans laquelle ils se trouvent placés, les bâtiments peuvent, dans les cas et selon les formes prescrites par les articles 79 et suivants de l'instruction du 1er octobre 1854, faire remise aux magasins des matières et des objets dont ils avaient pris charge (1).

---

responsabilité des commandants, ou lorsqu'il y a lieu, par exemple, de venir en aide à des navires en détresse. Et, en effet, en prescrivant aux officiers commandants, de ne disposer d'aucun objet appartenant au matériel des navires de l'Etat, cette dépêche n'a pu avoir pour but que d'interdire de faire à des agents étrangers au département de la marine ou à des particuliers certaines cessions qui ne seraient justifiées par aucune nécessité de service.

Or, dans les circonstances dont il s'agit, le commandant s'est plutôt attaché à la lettre qu'à l'esprit de la dite circulaire, et, afin de lui rendre sa véritable interprétation, je vous prie de porter le contenu de la présente dépêche à la connaissance de qui de droit. (*Circulaire n° 11 du 17 janvier 1862*, Bulletin officiel, *page 50*.)

(1) Voir la circulaire n° 82 du 25 mars 1851, *Bulletin officiel*, page 259, relative aux objets d'attache des embarcations, et celle du 10 avril 1851, n° 103, page 334 du *Bulletin officiel*, concernant les accessoires de coque, d'emménagement et d'armement.

Les remises sont faites soit à titre définitif, soit à charge de remplacement.

Les matières brutes et les objets confectionnés sont remis pour compte des magasins particuliers des directions , aux ateliers où doivent en être opérés la visite, le classement et la mise en état.

Art. 79 de l'instruction du 1er octobre 1854.

Lors du désarmement, les remises à effectuer par les bâtiments doivent toujours comprendre la totalité des matières et des objets existants, sans acception des différences qu'ils présentent avec les existants en écritures.

Art. 80 de l'instruction du 1er octobre 1854.

Les remises ont lieu sur feuilles (*modèles n°s 19 et 19 bis*) ou sur billets (*modèle n° 20 modifié*) signés par l'officier d'administration, par l'officier en second et par le capitaine , s'il s'agit d'un bâtiment complètement armé ou en réserve ; et par le directeur compétent, s'il s'agit d'un bâtiment non armé.

Art. 81 de l'arrêté ministériel du 2 décembre 1857.

Il est dressé autant de feuilles ou de billets qu'il y a de localités ou les remises doivent avoir lieu.

Lorsque la remise s'opère au moyen de feuilles, le magasinier inscrit successivement les quantités à remettre sur la feuille du bord (*modèle n° 19*) : le maître de l'atelier, au vu de cette feuille , annote les mêmes quantités sur celles dont il est détenteur (*modèle n° 19 bis*). Il porte sur les deux feuilles les quantités qu'il a réellement reçues et en donne récépissé sur la feuille dont le maître du bord reste détenteur. La concordance des deux feuilles, lorsqu'elles sont closes, est vérifiée et certifiée par le commissaire aux travaux.

Les duplicata des billets de remise sont, après avoir été acquittés par les maîtres des ateliers, soumis au visa du commissaire aux travaux qui tient un carnet ouvert par atelier, sur lequel il inscrit, en regard du numéro correspondant à celui qui est porté au récépissé de chacun de ces billets, le nom du bâtiment qui a fait la remise.

Le commissaire aux travaux, lors des vérifications qu'il fait dans les ateliers, s'assure, au moyen des indications de ce carnet, que tous les billets ont été inscrits sur le registre des remises, mentionné à l'article 101 de l'arrêté ministériel du 2 décembre 1857.

Art. 82 de l'instruction du 1er octobre 1854.

Lorsque la dégradation de l'objet remis, ou la perte de l'une ou de plusieurs de ses parties, est de nature à être justifiée par un procès-verbal, la feuille ou le billet de remise doit être accompagné d'un extrait du procès-verbal constatant l'évènement qui a occasionné la perte ou la dégradation.

Dans le cas où la perte est règlementairement justifiée par son inscription au registre des consommations et au journal du bord, cette inscription doit être certifiée sur la feuille ou sur le billet de remise.

Si ces formalités ne sont pas accomplies, l'agent qui reçoit les objets en fait mention sur le billet ou sur la feuille, en présence de celui qui effectue la remise, et il en donne en même temps connaissance à l'officier de la direction chargé de la surveillance de l'atelier, pour que le fait soit constaté dans le procès-verbal de visite et que le préfet statue, s'il y a lieu.

Art 83 de l'instruction du 1er octobre 1854

Les remises ne peuvent être reçues qu'après que les magasins ont été autorisés à les recevoir, sur la demande du capitaine, par le directeur compétent, sous la réserve des dispositions contenues dans le 2me paragraphe de l'article 85 de l'instruction du 1er octobre 1854 et dans les articles 96, 165 et 229 de la même instruction.

L'autorisation est donnée sur les feuilles ou billets.

Toutefois, il peut être donné une autorisation générale pour les remises à faire sur billets par un bâtiment.

La date de cette autorisation est relatée par l'officier d'administration sur les billets de remise.

Au moment de la remise, les matières et les objets sont reconnus par le maître de l'atelier, qui en donne immédiatement récépissé sur le duplicata de la feuille ou du billet, sous la réserve des dispositions prescrites par les articles 82, 87, 88, 90, 97 et 98 de l'instruction du 1er octobre 1854 et des arrêtés ministériels des 2 décembre 1857 et 12 octobre 1859.

Tout récépissé de complaisance entraine la destitution de l'agent qui l'a donné, sans préjudice de la responsabilité encourue.

Art. 84 de l'instruction du 1er octobre 1854.

Des remises définitives.

Les remises définitives ont lieu, soit au désarmement, soit lorsque des objets ont cessé d'être utiles à la navigation, au service ou à la position réglementaire du bâtiment.

Sauf le cas prévu par l'article 322 de l'instruction du 1er octobre 1854, les remises définitives ne peuvent être faites, par les bâtiments armés, que sur l'autorisation donnée, sous l'obligation d'en rendre compte au ministre par le préfet maritime, ou par le commandant en chef, si le bâtiment fait partie d'une armée navale, d'une escadre ou d'une division.

Le préfet maritime ou le commandant en chef, suivant le cas, adresse tous les trois mois au ministre, des états (*modèle n° 35*) concernant les objets non délivrés ou remis (1).

Ces états sont divisés en trois parties :

La première comprend les objets qui, bien qu'alloués par le règlement d'armement, n'ont pas été jugés nécessaires, et

Art. 85 de l'instruction du 1er octobre 1854, modifié par la circulaire manuscrite du 5 avril 1860, et par la circulaire n° 263 du 29 septembre 1862 (Bulletin officiel, p. 298)

----

(1) Voir le nota de la page 9 du présent manuel.

5

ceux dont il a été délivré des quantités inférieures aux allocations réglementaires pour l'armement ordinaire.

La seconde est relative aux objets portés, pour mémoire, au règlement d'armement et qui n'ont pas été délivrés.

Enfin, la troisième est formée des objets d'armement et d'ameublement qui n'étant pas de première nécessité, ont été laissés à terre à raison du manque d'emplacement à bord ou de la nature de la campagne.

Ces états ne devront, d'ailleurs, faire aucune mention des remises et laissés-à-terre motivés par des causes accidentelles, telles que la durée de la campagne, l'embarquement ou le débarquement des passagers, l'augmentation ou la diminution dans les effectifs d'équipage, lesquelles ne sont en réalité que la conséquence de l'exécution du règlement.

Des avis négatifs doivent, lorsqu'il y a lieu, être transmis au ministre pour chacun des services appelés à concourir à l'armement de la flotte.

Art. 86 de l'arrêté ministériel du 12 octobre 1859 modifié par le règlement du 25 août 1861. — Les bâtiments qui passent de la position d'armement à celle de réserve font remise définitive de la partie du matériel que cesse de comporter la position nouvelle dans laquelle ils entrent.

Il est donné décharge à l'administration du bord, savoir :

Par les ateliers, pour compte des magasins particuliers, pour les objets effectivement remis ;

Par la nouvelle administration du bord, pour les quantités portées sur le nouvel inventaire affecté au bâtiment en réserve.

La remise définitive en magasin a lieu suivant les formalités prescrites par les articles 87 et suivants de l'instruction du 1er octobre 1854 et des arrêtés ministériels des 2 décembre 1857 et 12 octobre 1859 pour la remise du matériel des bâtiments qui passent de la position d'armement complet à celle de désarmement.

Les objets laissés à bord sont portés sur le nouvel inventaire, sous la certification de l'officier d'administration, de l'officier en second et du capitaine, s'il n'y a pas eu mutation dans l'administration ni dans la maistrance du bord, et, s'il y a eu mutation, sur le récépissé des nouveaux maîtres, sous la même certification.

Une expédition de cet inventaire, revêtue de la dite certification, est remise au commissaire aux travaux, qui décharge l'ancien inventaire et communique le nouveau aux divers services du port, pour servir à dresser sans délai les feuilles de maître et celles de magasin en prévision du réarmement.

L'inventaire est ensuite rendu au détail des travaux pour y rester déposé si le bâtiment est attaché au port où le changement de position s'est opéré, ou pour être transmis au commissaire aux travaux du port qui compte de la dépense du bâtiment (1).

Des remises à charge de remplacement.

Les remises à charge de remplacement n'ont lieu, après l'approbation du préfet maritime mentionnée à l'article 165 de l'instruction du 1er octobre 1854, que lorsque les objets sont devenus hors de service (2), sauf l'exception prévue par le

Art. 96 de l'instruction du 1er octobre 1854.

---

(1) Voir le deuxième nota de la page 79 du présent manuel, la circulaire du 12 mars 1858, n° 51, insérée au *Bulletin officiel*, page 121.

(2) Le commandant en chef fait exécuter par les moyens à sa disposition, les réparations nécessaires aux bâtiments et aux objets d'armement dont ils sont pourvus, et il ne permet d'envoyer dans les arsenaux que ceux de ces objets qu'il est impossible de réparer à bord. (*Article 85 § 3 du décret du 15 août 1851 sur le service à bord des bâtiments de la flotte.*)

Voir au nota des pages 180, 181 et 182 de l'instruction du 1er octobre 1854, la circulaire du 6 juillet 1853, portant recommandation de n'avoir recours aux ateliers pour leurs travaux et leurs réparations qu'en cas de nécessité absolue.

dernier paragraphe de l'article 98 de la dite instruction. Elles sont effectuées au moyen de billets dressés conformément aux dispositions de l'article 81 de l'arrêté ministériel du 2 décembre 1857. Les objets remis sont reçus dans les ateliers sur la présentation du billet de remise revêtu du visa du directeur. Toutefois, à l'égard d'un bâtiment armé, ou en reserve, les directeurs, après que le préfet a autorisé à faire les remplacements, peuvent donner aux ateliers un ordre général pour visiter et recevoir les objets à changer. Dans ce cas, il est donné avis de cet ordre au capitaine; qui le fait relater sur les billets de remise.

Art. 97 de l'instruction du 1er octobre 1854.

Lorsque des objets sont remis dans les ateliers pour être changés, et que l'officier chargé de l'atelier ou le maître autorisé, les reconnaît impropres au service, il est immédiatement délivré récépissé au bâtiment sur le duplicata du billet de remise, et il est donné cours au remplacement.

Toutefois, cette disposition n'est pas applicable aux grèements, à la mâture, aux voiles, au matériel d'artillerie et aux objets d'ameublement. La réception définitive par l'atelier et le remplacement de ces objets, ne peuvent avoir lieu qu'après condamnation prononcée par la commission de visite. Dans ce cas, un récépissé provisoire, à titre de dépôt, est donné par le maître de l'atelier, sur le duplicata du billet de remise. Après la condamnation, le récépissé à titre de dépôt est converti en un reçu définitif.

Art. 98 de l'instruction du 1er octobre 1854.

Lorsqu'un objet remis pour être changé est jugé propre au service par l'officier chargé de la surveillance de l'atelier, cet objet est restitué au bâtiment, après avoir été réparé, s'il y a lieu. La réparation est exécutée au moyen du billet de remise, dont la destination est modifiée par l'officier chargé de la surveillance de l'atelier, sous la certification de cet officier.

Dans le cas où, sur le même billet, se trouvent compris des objets dont les uns doivent être remis, et les autres réparés, ces derniers sont annulés sous la certification de l'officier chargé de la surveillance de l'atelier, lequel dresse et certifie un billet pour servir de titre à la réparation (*modèle n° 25*). Le duplicata de ce billet, revêtu du récépissé du maître de l'atelier est remis au maître du bord.

Si le capitaine du bâtiment insiste pour que l'objet reconnu bon soit changé, il en est référé au directeur, puis, s'il y a lieu, au préfet maritime, qui décide, sur le compte qui lui est rendu, si l'objet doit être soumis à l'examen de la commission de visite.

En cas d'urgence, le directeur peut ordonner le remplacement immédiat d'un objet qui, ayant été remis pour être changé, a été reconnu susceptible de réparation. Son ordre est motivé et demeure annexé au billet de remise.

Les objets que les officiers ou les maîtres d'ateliers ont déclarés être impropres au service, et dont le remplacement a été effectué, sont soumis à l'examen de la commission de visite, qui opère, suivant les formes prescrites par les articles 87 et suivants de l'instruction du 1er octobre 1854 et des arrêtés ministériels des 2 décembre 1857 et 12 octobre 1859. Art. 99 de l'arrêté ministériel du 2 décembre 1857.

Justification des remises d'objets à changer et des remises définitives.

Les remises d'objets à changer et les remises définitives sont ordonnées par le capitaine, après l'autorisation mentionnée à l'article 165 de l'instruction du 1er octobre 1854, sauf les cas prévus par l'article 322 de la dite instruction. Elles ont lieu Art. 356 de l'arrêté ministériel du 2 décembre 1857.

dans les formes prescrites par les articles 78 et suivants de la même instruction et de l'arrêté ministériel du 2 décembre 1857.

Les feuilles ou billets de remise (*modèles n°s 19, 19 bis et 20*), sont dressés par le magasinier, en primata et duplicata. Ces feuilles ou billets sont signés et visés comme les feuilles ou billets de demande.

Conformément aux dispositions de l'article 82 de l'instruction du 1er octobre 1854, s'il n'est remis qu'une portion d'un objet, le motif de la perte de l'autre portion est indiqué sur le billet, sous la certification de l'officier d'administration ; et, s'il s'agit d'un objet dont la perte soit de nature à être justifiée par un procès-verbal, le billet est accompagné d'un extrait du procès-verbal constatant l'évènement qui a occasionné la perte.

Le duplicata de la feuille ou du billet, revêtu du récépissé du maître de l'atelier dans lequel la remise a été effectuée, sert de pièce justificative à l'appui de la comptabilité du bâtiment.

Cette pièce n'est pas admise à la décharge du comptable du bâtiment, si elle ne porte pas la certification ou l'enregistrement du commissaire aux travaux, mentionné aux modèles n°s 19 et 20.

Prescriptions relatives aux objets en cours de transport.

Art. 360 de l'instruction du 1er octobre 1854. Le capitaine du bâtiment est responsable des objets qui sont déposés à bord pour être transportés à une destination quelconque (1).

---

(1) Quel que soit le mode employé pour l'exécution des transports de matériel d'un point sur un autre, aucune quantité de denrée ou de matière, aucun objet appartenant au service, ne peut sortir des mains du comptable

Lorsque les objets sont contenus dans des caisses, fûts, colis, etc., le capitaine n'est responsable que du nombre et de la conservation de ces caisses, fûts, colis, etc.

Le magasinier tient un compte spécial (*modèle n° 89*) des transports effectués par le bâtiment.

Sur l'ordre qui lui a été donné de recevoir à bord des objets destinés à un port de France, à un établissement colonial, à une station navale ou à un bâtiment en cours de campagne, le capitaine d'un bâtiment délègue un officier ou un aspirant pour assister à la visite et au récolement des objets ou des colis à transporter. Art. 361 de l'instruction du 1er octobre 1854.

Une expédition de l'état des objets à transporter, est remise au capitaine. Le magasinier transcrit les indications présentées par les états qui lui sont communiqués à cet effet, sur le registre (*modèle n° 89*) des objets en cours de transport. Lorsque les matières et les objets sont renfermés dans des caisses ou colis, il ne relate sur le registre que le numéro, les marques et le poids de chacun de ces colis ou caisses, et le nombre des articles qui y sont contenus. Il donne aux états des objets à transporter, une série de numéros d'ordre qui se continue sans interruption jusqu'au désarmement ou jusqu'au changement de capitaine.

A l'égard des envois de port à port et aux colonies, le capitaine, lors de l'arrivée au lieu de destination fait livrer Art. 362 de l'instruction du 1er octobre 1854.

expéditeur, sans être pris en charge par un tiers qui en devient responsable pendant la durée du mouvement, selon les cas ci-après, savoir :

1° Pour les transports par bâtiments de l'état, le capitaine et l'officier en second, sont responsables : en cas de déficit donnant lieu à remboursement, le montant en sera repris sur la solde de ces officiers, au prorata des appointements.

2° Pour les transports exécutés en vertu de marchés, contrats d'affrètements, la responsabilité de l'agent chargé du transport est déterminée par les lois et usages du commerce et par les conventions des parties. (*Article 16 du décret du 30 novembre 1857.*)

aux services destinataires les objets qu'il a transportés. Un officier ou un aspirant du bord est délégué par lui pour assister à la visite et à la reconnaissance de ces objets, ou, s'ils sont emballés, à celles des caisses et colis qui les renferment ; il en retire récépissé sur le registre des objets en cours de transport. La date de la livraison est annotée sur ce registre. Le capitaine transmet au ministre l'état d'expédition resté entre ses mains (1). Cet état est préalablement annoté de la date de la remise, et revêtu du récépissé du destinataire.

Dans le cas où des circonstances impérieuses, nées des exigences de la navigation, n'auraient pas permis à un capitaine d'accomplir toutes les formalités exigées pour assurer sa libération, il serait dressé à bord un procès-verbal spécial, dont une ampliation serait adressée au ministre par la plus prochaine occasion.

Art. 363 de l'instruction du 1er octobre 1854.

Le versement des objets destinés aux bâtiments en cours de campagne est opéré au moyen de la facture et de l'avis d'expédition du port qui a effectué l'envoi. Il est donné récépissé sur le registre des objets en cours de transport, ainsi que sur la

---

(1) Aux termes des articles 362 et 363 (*Instruction du 1er octobre 1854*), le commandant d'un bâtiment qui a fait un transport de matériel doit, lorsque ce matériel a été remis à destination, me transmettre l'expédition de la facture restée entre ses mains, annotée de la date de la remise et revêtue du récépissé du destinataire.

Ces dispositions ont été souvent perdues de vue ; veuillez rappeler aux commandants des bâtiments placés sous vos ordres, qu'ils sont personnellement responsables du matériel dont le transport leur a été confié, et qu'en négligeant de me faire parvenir les pièces justificatives de la remise de ce matériel, ils s'exposent à être obligés de rembourser la valeur des objets dont la réception, la perte ou l'emploi ne serait pas justifié. (*Circulaire du 3 avril 1851*, Bulletin officiel, *page 304.*)

L'envoi des certificats de réception par les destinataires, ne dispense pas les capitaines des bâtiments qui ont opéré les transports de me transmettre les factures dont ils sont porteurs, après les avoir fait acquitter par la partie prenante. (*Circulaire no 130 du 31 mai 1856*, Bulletin officiel, *page 499.*)

facture, qui est ensuite transmise au ministre par le capitaine du bâtiment qui a opéré le transport. La date du versement est annotée tant sur la facture que sur le registre des objets en cours de transport.

Ainsi qu'il est dit à l'article 336 de l'instruction du 1er octobre 1854, le capitaine du bâtiment qui a reçu les objets, fait parvenir au ministre un certificat de réception. Il remet l'avis d'expédition à l'officier d'administration, pour servir de pièce justificative à l'appui de sa comptabilité (1).

Si, par cas de force majeure, les objets destinés à un bâti- *Art. 364 de l'instruction du 1er octobre 1854.* ment, sont versés à un autre bâtiment, le capitaine est tenu de constater ou de faire constater cette circonstance, et de joindre cette constatation à l'expédition de la facture à adresser au ministre.

Lorsque les objets transportés sont destinés à une escadre ou à une station navale, sans désignation spéciale de bâtiment, ou à un bâtiment momentanément éloigné du centre de la station, ils sont versés au magasin de la station ou à bord du bâtiment désigné par le commandant en chef. Le récépissé en est donné, sous le visa du commissaire de l'escadre ou de la division, par le préposé au magasin de la station, ou par le magasinier du bâtiment qui a reçu les objets. Il est adressé au ministre les pièces mentionnées dans l'article 363 de l'instruction du 1er octobre 1854.

---

(1) Aux termes de l'article 363 de l'instruction du 1er octobre 1854, le capitaine d'un bâtiment qui a opéré un transport, n'est pas tenu de dresser des états de versement. La livraison du matériel transporté est faite au moyen de la facture qui accompagne l'envoi, et cette facture doit m'être transmise, revêtue du récépissé du destinataire, portant la date du jour où le versement a été fait, indépendamment du certificat de réception que doit me faire parvenir le capitaine du bâtiment auquel les objets ont été versés, conformément aux dispositions de l'article 336 de l'instruction précitée. (*Circulaire nº 140 du 21 juin 1855*, Bulletin officiel *page 394*).

Art. 365 de l'instruction du 1ᵉʳ octobre 1854.

Dans les cas prévus par l'article 364 de l'instruction du 1ᵉʳ octobre 1854, le commandant en chef arrête la répartition à faire des objets entre les différents batiments faisant partie de l'escadre ou de la station.

Le commissaire de l'escadre ou de la division dresse, en deux expéditions, un état (*modèle n° 90*) indiquant cette répartition. Le versement effectif des objets est accompagné d'un état (*modèle n° 86*), en simple expédition, certifié par le commissaire de la division. Une expédition de l'état de répartition, appuyée des certificats de réception mentionnés en l'article 336 de l'instruction sus-énoncée, est adressée au ministre ; l'autre expédition, appuyée des états des objets à transporter, dressés par le port expéditeur, et revêtue des récépissés des parties prenantes, justifie la sortie des objets dans la comptabilité du magasin de l'escadre ou de la station.

Art. 366 de l'instruction du 1ᵉʳ octobre 1854.

Les versements d'objets réputés hors de service, qui sont effectués par des bâtiments en cours de campagne à d'autres bâtiments qui rentrent en France, sont inscrits sur les registres des objets en cours de transport. Le capitaine du bâtiment qui a opéré le versement, fait parvenir au ministre un état des objets versés. A l'arrivée au port de destination, la remise a lieu dans les formes ordinaires, et pour compte du bâtiment qui a effectué le versement.

Les duplicatas des billets de remise, annotés du numéro et de la date du versement, et de la désignation du bâtiment qui a effectué ce versement, sont remis par le capitaine au préfet maritime pour être envoyés au ministre. Il est fait inscription, sur le registre des objets en cours de transport, de la date de la remise, du service auquel cette remise a été effectuée, et de la date de l'envoi des duplicatas des billets au préfet maritime.

Justification des pertes d'objets en cours de transport.

Lorsque des objets en cours de transport ont été perdus ou avariés en route, le capitaine doit faire constater par un procès-verbal, dans la forme déterminée par l'article 353 de l'instruction du 1er octobre 1854, l'évènement qui a occasionné l'avarie ou la perte. Le procès-verbal relate le numéro et la date de la facture d'envoi, la désignation du service et du port expéditeurs, la nature et la quantité des objets perdus ou avariés, la désignation du port ou du bâtiment auquel les objets étaient destinés. *Art. 369 de l'instruction du 1er octobre 1854.*

Cet acte est inscrit à sa date sur le registre des objets en cours de transport; il en est fait mention sur le journal du bord. Il en est donné avis au bâtiment auquel les objets étaient destinés.

Le capitaine est tenu d'adresser au ministre, par deux occasions différentes, deux extraits du procès-verbal constatant la perte ou l'avarie des objets en cours de transport. Toutefois, lorsqu'il s'agit d'objets destinés pour un port de France, un des deux extraits du procès-verbal de perte est remis au chef du service qui devait recevoir les dits objets. Cet extrait est ultérieurement annexé au certificat de réception à adresser au ministre. *Art. 370 de l'instruction du 1er octobre 1854.*

Prescriptions relatives au matériel ayant appartenu à un bâtiment naufragé.

Le matériel ayant appartenu à un bâtiment naufragé, est rapporté en France, et remis en magasin pour compte du bâtiment d'où il provient: il est porté en recette, à la décharge de ce bâtiment, sous le titre : *Sauvetages.* *Art. 368 de l'instruction du 1er octobre 1854.*

Des recensements.

JUSTIFICATION DES EXCÉDANTS CONSTATÉS PAR RECENSEMENT.

Art. 349 de l'instruction du 1er octobre 1854.

Les excédants constatés par un recensement, sont justifiés par le procès-verbal des officiers que le capitaine a préposés à cette opération, le dit procès-verbal visé par le capitaine.

JUSTIFICATION DES DÉFICITS CONSTATÉS PAR RECENSEMENT.

Art. 350 de l'instruction du 1er octobre 1854.

Les déficits constatés par recensement sont justifiés par le procès-verbal des officiers que le capitaine a préposés à cette opération : ce procès-verbal est visé par le capitaine. Le ministre statue définitivement lors de la vérification des comptes.

Formalités à remplir lors du remplacement du magasinier.

Art. 425 de l'instruction du 1er octobre 1854.

En cours de campagne, lorsqu'un maître ou autre comptable est remplacé, il est opéré un récolement des objets à sa charge par une commission composée :

De l'officier en second du bâtiment, président ;

D'un officier désigné par le capitaine ;

De l'officier d'administration.

Le maître débarqué et celui qui le remplace assistent aux opérations de la commission. Les résultats du récolement sont constatés par un procès-verbal et servent de point de départ à la comptabilité du maître nouvellement embarqué. En cas d'empêchement, la situation des objets existant à bord, est établie d'après les écritures.

L'officier d'administration procède à la vérification du

compte du maître remplacé. S'il ressort des différences entre les existants réels et ceux qui résultent des écritures, il est provisoirement sursis, jusqu'à concurrence de la valeur des déficits, au paiement des sommes qui lui restent dues.

Le ministre statue définitivement après la reddition des comptes du bâtiment.

Prescriptions spéciales au désarmement du bâtiment.

Lorsque le désarmement d'un bâtiment a été ordonné, et avant qu'il y soit procédé, une commission opère, conformément aux dispositions de l'article 25 de l'ordonnance du 14 juin 1844, la visite du bâtiment, en présence du capitaine, de l'état-major et des maîtres. *Art. 374 de l'instruction du 1er octobre 1854.*

Cette commission, composée conformément aux dispositions de l'article 327 de l'instruction du 1er octobre 1854, vérifie, au moyen du devis d'armement, si aucun changement n'a été fait dans les emménagements du navire, et si l'installation est demeurée conforme à l'état qui en a été constaté avant le départ (1).

Si la commission reconnaît que des changements non autorisés ont été faits à bord, elle les signale dans son procès-verbal. Elle se fait représenter les procès-verbaux constatant les faits qui auraient pu motiver les changements. Elle exprime son opinion sur les explications données par le capitaine et sur les procès-verbaux présentés par lui. *Art. 375 de l'instruction du 1er octobre 1854.*

Le procès-verbal de la commission et toutes les pièces à

---

(1) Les dispositions de l'article 374 de l'instruction du 1er octobre 1854, ne sont point applicables aux bâtiments qui avaient été armés pour faire des essais. (*Circulaire n° 243 du 12 novembre 1858, Bulletin officiel, page 941*).

l'appui sont soumis à l'examen du conseil d'administration du port, et transmis ensuite au ministre.

Art. 376 de l'instruction du 1er octobre 1854. Aussitôt que le bâtiment est entré dans le port pour être désarmé, le capitaine fait cesser toute consommation de matières (*Décret du 15 août 1851,, article 310*) (1) et donne des ordres pour que tous les objets du matériel soient remis en magasin (2).

A moins de décision contraire, il n'est laissé à bord que les objets d'attache, et ceux que le directeur des mouvements du port juge nécessaires pour la conservation et la sûreté du bâtiment.

Les remises s'opèrent dans la forme prescrite par l'article 356 de l'arrêté ministériel du 2 décembre 1857. Toutefois, le capitaine peut se dispenser de signer les billets de remise. Dans ce cas, les billets sont signés par l'officier en second *autorisé*.

Art. 517 du décret du 15 août 1851. Aussitôt que le désarmement a été ordonné, les maîtres cessent dans leurs détails, toute consommation, qui ne serait pas de nécessité urgente.

Dès que le bâtiment entre dans le port pour désarmer, toute consommation des approvisionnements du bord est arrêtée.

Art. 699 du décret du 15 août 1851. Pendant le désarmement, le magasinier surveille la remise dans les magasins du port des objets qui se trouvent encore à sa charge.

---

(1) Le capitaine, à son arrivée dans l'arsenal, fait cesser à bord toute consommation de munitions et approvisionnements. (*Article 310 du décret du 15 août 1851.*)

(2) Pour pouvoir opérer le débarquement du charbon et du lest, la direction des mouvements du port est tenue de mettre à la disposition des bâtiments en désarmement, les objets dont ils pourraient avoir besoin de la même manière qu'elle leur fournit des embarcations, des chalans, des apparaux, etc., soit à l'armement, soit au désarmement. (*Circulaire n° 261 du 18 octobre 1855*, Bulletin officiel, *page 771*.)

Lorsque le désarmement est complètement terminé, et au moment de la remise du bâtiment à la direction des mouvements du port, il est procédé par une commission au récolement des objets laissés à bord.

Art. 378 de l'instruction du 1er octobre 1854.

Cette commission est composée :

D'un officier de la direction des mouvements du port ;

D'un sous-ingénieur ;

D'un sous-commissaire appartenant au détail des travaux.

L'inspecteur reçoit avis de la convocation de la commission.

La commission opère en présence du capitaine, de l'officier en second, de l'officier d'administration du bâtiment et des maîtres chargés (1). Le chef de section des gardiens, chargé de la comptabilité du matériel en service à bord des bâtiments désarmés, assiste aux opérations de la commission.

Il est dressé procès-verbal et inventaire en deux expéditions, dont l'une est remise au détail des travaux, et l'autre à la direction des mouvements du port (2).

---

(1) Au moment de la remise du bâtiment, le capitaine assiste au récolement des objets laissés à bord. Il ordonne que l'officier en second, l'officier d'administration et les maîtres chargés, soient présents à ce récolement. (*Article 318 du décret du 15 août 1851.*)

(2) Diverses questions m'ont été adressées relativement aux formalités à remplir, en ce qui concerne la comptabilité du matériel, lorsque des bâtiments armés doivent entrer dans l'une des positions de commission ou de réserve.

Le mode d'opérer lors du passage de l'état d'armement ou de disponibilité à celui de commission, a été réglé par l'article 86 de l'instruction générale du 1er octobre 1854 ; mais cet article ne contenant aucune disposition concernant le renouvellement des feuilles d'armement, on a eu recours, dans plusieurs ports, aux billets de demande pour compléter le matériel réglementaire, lorsque des bâtiments ont pris armement. Ce système a, non seulement le grave inconvénient d'occasionner des lenteurs et des écritures nombreuses qui peuvent être évitées, mais encore celui de laisser les maîtres dans l'ignorance de ce qu'ils ont à leur charge pendant toute la durée du nouvel armement ; car les feuilles qui ont servi pour le

Art. 423 de l'instruction du 1er octobre 1854.

Il doit être procédé à un désarmement administratif lorsque le bâtiment se trouvant dans le port pour des réparations majeures, son matériel doit être déposé à terre. Sauf ce cas, il ne peut être procédé à une reddition de compte, avant le désarmement définitif, que sur l'ordre donné par le ministre, sur la proposition du préfet maritime, d'après la demande du capitaine du bâtiment et l'avis du commissaire général, et lorsqu'il est possible de faire un recensement réel du matériel existant à bord.

Dans les deux cas, une commission nommée par le préfet maritime procède, en présence des officiers du bord et des maîtres ou comptables, au recensement du matériel. Les résultats de ce recensement servent à former un nouvel

premier armement, et sur lesquelles ont été annotées les remises opérées jusqu'à l'époque de la mise en commission inclusivement, ne sauraient recevoir l'indication du nouveau matériel embarqué.

Il convient donc d'abandonner ce système et de procéder au renouvellement des feuilles de maîtres et à la préparation des feuilles de magasin, qui devront ultérieurement servir aux délivrances pour compléter le matériel de l'armement définitif.

Lorsqu'un bâtiment armé passe à l'état de commission, deux circonstances se présentent : ou il se trouve dans les conditions prévues par le 1er § de l'article 617 du décret du 11 août 1856, et il doit être désarmé administrativement ; ou les délais fixés par cet article, ne sont pas expirés, et la gestion de comptabilité continue.

Dans le premier cas, le restant à bord est constaté par la commission, qui, aux termes de l'article 423 de l'instruction du 1er octobre 1854, est chargée de procéder au récolement du matériel des bâtiments désarmés administrativement ; dans le second cas, les objets restés à bord sont, conformément aux prescriptions de l'article 86 de l'instruction précitée, portés sur le nouvel inventaire, sous la certification de l'officier d'administration, de l'officier en second et du capitaine. Dans les deux cas, une expédition du nouvel inventaire, revêtue de la prise en charge des comptables, devra être remise au commissaire des travaux, qui la communiquera immédiatement aux divers services du port, pour préparer, sans délai, les feuilles de maîtres et celles de magasin, en prévision du réarmement. Dès que ces opérations seront terminées, l'inventaire sera remis au commissaire des travaux, pour rester déposé dans ses bureaux, si le bâtiment est attaché

inventaire, et une expédition est remise au commissaire aux travaux, une autre à l'officier d'administration, qui délivre de nouvelles feuilles aux maîtres et aux autres comptables.

Chaque maître ou comptable certifie, sur cet inventaire et sur ses feuilles, avoir pris en charge les matières et les objets portés à son compte.

Débarquement du magasinier.

Dans les ports de France, les surnuméraires ne peuvent être débarqués pour cause d'inaptitude ou de mécontente- *Art. 190 du décret du 5 juin 1856.*

---

au port où le changement de position s'est opéré, et, dans le cas contraire, pour être transmis au détail des travaux du port où le bâtiment a été armé et auquel il ne doit pas cesser de compter pour la liquidation de ses dépenses, par application des dispositions des articles 309 et 310 du décret du 11 août 1856, jusqu'à son désarmement définitif, ou jusqu'à décision spéciale du ministre.

Lorsqu'il y aura réarmement, le matériel sera complété au moyen de feuilles de maîtres et de magasins dressées pour la mise en commission, et ces dernières, après la clôture de l'armement, seront, comme les ordres de délivrance (*Article 188 modifié par l'arrêté du 2 décembre 1857*), transmises au port d'attache du bâtiment.

Quant aux bâtiments, qui passeront de la position d'armement, de disponibilité ou de commission à celle de réserve, il sera procédé, à leur égard, conformément aux prescriptions relatives aux désarmements (*Article 374 à 379 de l'instruction du 1er octobre 1854*), avec cette différence, toutefois, que l'officier de la direction des mouvements du port sera remplacé dans la commission qui, aux termes de l'article 378 de l'instruction précitée, doit procéder au récolement des objets laissés à bord, par le commandant des bâtiments en réserve, ou par un lieutenant de vaisseau faisant partie de l'état-major de ces bâtiments, et que cette commission opèrera en présence de l'officier d'administration des bâtiments en réserve, et du second maître, ou du quartier maître mécanicien qui, aux termes de l'article 96 du réglement du 20 mai 1857 (tableau A), doit être chargé de la garde et de l'entretien du bâtiment ainsi que de l'inventaire. (*Circulaire du 12 mars 1858, n° 51, Bulletin officiel, page 121.*)

ment, sans le consentement des chefs de service desquels ces surnuméraires relèvent dans les arsenaux.

En cas de conflit, le préfet maritime prononce.

Art. 191 du décret du 5 juin 1856.
Lors du désarmement d'un bâtiment, les compagnies qui composent son équipage sont dissoutes.

Les officiers mariniers et marins qui n'ont pas encore achevé leur temps de service, sont renvoyés à la division, ainsi que les maîtres et surnuméraires qui doivent y être placés en reddition de comptes.

Les surnuméraires qui doivent être réadmis dans les arsenaux, sont mis à la disposition des chefs de service desquels ils relèvent, ou dirigés sur le port dans lequel ils étaient employés lors de leur embarquement.

Art. 19 du décret du 1er octobre 1851.
Les surnuméraires rentrant en France et voyageant isolément, ou congédiés du service après débarquement ont droit à l'indemnité de route, d'après les fixations du tarif n° 3 inséré à la page 319 du *Bulletin officiel* du 2me semestre 1851, jusqu'au lieu où ils ont été embarqués ou requis pour le service.

DEUXIÈME PARTIE.

SYSTÈME DE COMPTABILITÉ SUIVI DANS LES MAGASINS DE LA FLOTTE.

Ecritures concernant le magasinier (1).

Les écritures relatives aux matières et aux objets de consommation déposés au magasin général du bord sont tenues par le magasinier, soit pour son propre compte, s'il s'agit de matières et d'objets portés sur sa feuille, soit pour le compte des maîtres, pour les matières et les objets portés sur la feuille de ces comptables.

Le magasinier tient également, pour le compte de chaque maître ou comptable, les écritures relatives aux objets non susceptibles de consommation dont ces maîtres ou comptables sont demeurés détenteurs.

Art. 380 de l'instruction du 1er octobre 1854.

---

(1) Les livres, règlements, imprimés et autres documents envoyés de Paris pour le service des bâtiments armés, sont déposés au magasin des imprimés établi dans chaque port; mais, les délivrances à faire aux bords sont effectuées par les services et détails indiqués au règlement d'armement, qui s'approvisionnent successivement au dit magasin des imprimés, des quantités nécessaires à cet effet.

Ces dispositions ne sont pas applicables aux cartes et ouvrages expédiés par les soins du dépôt des cartes et plans, lesquels restent soumis aux règles particulières à ce service. (*Circulaire n° 286 du 7 décembre 1864, Bulletin officiel, page 372.*)

Art 381 de l'instruction du 1er octobre 1854.

Les écritures du magasinier et autres comptables se composent, indépendamment de la feuille d'armement :

1° D'un livre journal des recettes et des dépenses (*modèle n° 91*).

2° D'un état mensuel des recettes et des dépenses (*modèle n° 92*).

5° D'un registre-balance des matières et des objets de consommation (*modèle n° 95*).

Les mouvements qui affectent définitivement la situation des objets non susceptibles de consommation sont inscrits par l'officier d'administration sur les feuilles de chaque comptable.

Art. 388 de l'instruction du 1er octobre 1854.

Ainsi qu'il est dit à l'article 381 de l'instruction du 1er octobre 1854 ; les mouvements qui affectent définitivement la situation des objets non susceptibles de consommation et restés à la disposition des maîtres sont inscrits par l'officier d'administration sur la feuille d'armement.

A cet effet, les feuilles d'armement demeurées entre les mains des maîtres sont communiquées à l'officier d'administration avec toutes les pièces justificatives des mouvements survenus.

Art. 380 de l'instruction du 1er octobre 1854.

Le chirurgien et les autres comptables sont tenus, envers l'officier d'administration, aux mêmes obligations que les maîtres chargés. Toutefois, la comptabilité des drogues et médicaments, établie dans la même forme que celle du magasinier, est suivie par le chirurgien chargé de la pharmacie du bord ; elle est vérifiée par le conseil de santé, lors du désarmement du bâtiment (1).

(1) Le chirurgien chargé de la feuille, se conforme aux prescriptions réglementaires, en ce qui concerne l'administration du matériel dont il est chargé. (*Article 677 du décret du 15 août 1851.*)

L'inexécution des prescriptions de l'article 389 de l'instruction du 1er

Tenue de livre-journal.

Le magasinier inscrit sur le livre journal les délivrances et les remises des objets, et généralement toutes les recettes et toutes les dépenses. A cet effet, les maîtres lui communiquent les billets de demande et de remise auxquels il a été fait droit.

Art. 384 de l'instruction du 1ᵉʳ octobre 1854.

A la fin de chaque mois, et plus souvent s'il est nécessaire, le magasinier remet les billets à l'officier d'administration. Il les accompagne d'un bordereau en double expédition (*modèle n° 94*), indiquant le maître que ces billets concernent et

octobre 1854, engagerait la responsabilité du chirurgien, et aussi celle des officiers d'administration qui ont le devoir de réclamer les documents dont la remise ne leur serait point faite aux époques fixées. En cas de refus, ils doivent rendre compte au commandant et consigner, lorsqu'il y a lieu, leurs observations dans le procès-verbal concernant l'arrêté de la comptabilité. (*Circulaire n° 208 du 9 août 1855, Bulletin officiel, page 665.*)

Les articles 677 et 678 du décret du 15 août 1851, sur le service à bord des bâtiments de la flotte, ainsi que l'article 389 de l'instruction générale du 1ᵉʳ octobre 1854, n'ont pas été interprétés de la même manière dans tous les ports.

Quelques-uns, négligeant totalement de rapprocher ces articles les uns des autres, ont pensé, d'après le texte de l'article 678, que le chirurgien chargé de la feuille, devait rendre compte au conseil de santé *seulement*, des médicaments, effets et ustensiles dont il avait été constitué comptable pendant la campagne.

D'autres, s'appuyant sur le texte de l'article 389, ont pensé qu'il n'y avait exception aux règles d'après lesquelles tous les comptables de bord sont tenus de rendre compte du matériel qui leur est confié, qu'en ce qui concerne les drogues et médicaments.

Ces deux opinions sont également erronées.

En effet, aux termes de l'article 315 de l'instruction du 1ᵉʳ octobre 1854, les maîtres et les divers officiers sont constitués comptables et responsables, au même titre, des objets qui leur sont remis en compte sur feuilles spéciales.

Le chirurgien chargé de la feuille se conforme aux prescriptions règlementaires en ce qui concerne l'administration du matériel dont il est chargé. (*Article 677 du décret du 15 août 1851.*)

Le chirurgien et les autres comptables sont tenus, envers l'officier d'adle nombre de ces billets. Une de ces expéditions est rendue au magasinier, revêtue du récépissé de l'officier d'administration.

Tenue des registres-balances.

Art. 382 de l'instruction du 1er octobre 1854. Les registres balances se subdivisent en trois parties :

La première comprend les articles dont le magasinier est responsable envers l'Etat ;

La seconde, les articles dont il est responsable envers chaque maître ou autre comptable ;

---

ministration, aux mêmes obligations que les maîtres chargés. (*Article 389 de l'instruction du 1er octobre 1854.*)

La comptabilité du matériel en service à bord des bâtiments, doit être suivie sur double inventaire, dont l'un est tenu par l'officier d'administration, et l'autre par le commissaire aux travaux, ce dernier document sert à contrôler la comptabilité du bord. (*Article 319.*)

Les détenteurs du matériel doivent passer écritures dans les formes déterminées par le ministre, de toutes les augmentations et diminutions successivement apportées au matériel dont ils sont responsables, et tenir constamment à la disposition du contrôleur et de l'autorité chargés de la surveillance administrative, les pièces justificatives destinées à constater ces modifications.

La vérification de la comptabilité des bords, est dévolue au commissaire aux travaux, qui fait opérer cette vérification au moyen du compte ouvert tenu dans ses bureaux, des pièces justificatives dont il reste dépositaire ou qui lui ont été transmises, et des registres de comptabilité qui lui sont remis par l'officier d'administration. (*Article 421 de l'instruction du 1er octobre 1854.*)

Le jugement administratif des comptes est confié à une commission. (*Article 426.*)

Le conseil d'administration du port délibère sur les propositions de cette commission. (*Article 427.*)

Enfin, le ministre statue sur les cas de responsabilité et prononce, s'il y a lieu, la libération des comptables au vu du registre des procès-verbaux du bâtiment, du rapport du commissaire aux travaux, du procès-verbal de la commission d'apurement des comptes et de la délibération du conseil

La troisième, les objets de consommation dont les maîtres sont restés détenteurs, et dont il tient la comptabilité pour leur compte.

Le magasinier reporte sur le registre-balance les résultats des états de recette et de dépense mentionnés aux deux articles 385 et 386 de l'instruction du 1er octobre 1854. Il remet ensuite ces états à l'officier d'administration avec les *bons de délivrance* et autres pièces justificatives.

S'il n'y avait eu pendant le mois, ni recette ni dépense au compte d'un maître, il serait remis à l'officier d'administration un état négatif.

Art. 387 de l'instruction du 1er octobre 1854.

---

d'administration du port, qui lui ont été transmis par le préfet maritime. (*Articles 428 et 429.*)

Telles sont les règles principales applicables à la gestion du matériel en service à bord des bâtiments. Il ressort évidemment de l'examen et du rapprochement de ces articles, que le conseil de santé ne saurait être substitué au commissaire aux travaux pour la surveillance administrative de la comptabilité des objets confiés au chirurgien, et qu'il doit demeurer également étranger au jugement administratif de la gestion de cet officier de santé, puisqu'il ne possède ni les éléments de contrôles, ni les documents sur lesquels il pourrait asseoir son jugement. Si, donc, les articles 678 du décret du 15 août 1851 et 389 de l'instruction du 1er octobre 1854, font remettre la comptabilité du chirurgien au conseil de santé, pour être vérifiée par ce conseil, il demeure encore évident que cette vérification doit avoir lieu à un autre point de vue, c'est-à-dire, au point de vue scientifique et technique, en rapprochant les registres de cette comptabilité, tenus par le chirurgien chargé de la feuille, et qui ne sont point indispensables pour la vérification du commissaire aux travaux, des cahiers de visite et des listes de malades traités pendant la campagne, que le chirurgien major remet au conseil de santé en vertu de l'article 674 du décret du 15 août 1851.

Je crois utile de rappeler en terminant que tous les objets, *de quelque nature qu'ils soient*, délivrés aux bâtiments de la flotte, doivent être portés sur l'inventaire balance de l'officier d'administration, et que les détenteurs de ce matériel quels qu'ils soient, (commandants, chef d'état-major, chirurgien, aumônier, etc.), doivent lui fournir, dans la forme déterminée par les règlements, tous les documents nécessaires pour en suivre la comptabilité. (*Circulaire no 245 du 17 octobre 1856*, Bulletin officiel, *page 968*).

Tenue du registre des objets en cours de transport.

Art. 360 de l'instruction du 1er octobre 1854.

Le magasinier tient un compte spécial (*modèle n° 89*) des transports effectués par le bâtiment.

Art. 371 de l'instruction du 1er octobre 1854.

A l'époque du désarmement ou à la cessation de son commandement, le capitaine du bâtiment arrête et certifie le registre des objets en cours de transport. Il le remet ensuite au préfet maritime, qui l'adresse au ministre.

Art. 372 de l'instruction du 1er octobre 1854.

Les factures, certificats de réception où états de répartition adressés au ministre en exécution des articles 336, 363 et 365 de l'instruction du 1er octobre 1854 sont communiqués aux ports auxquels appartiennent les bâtiments. Les objets portés sur ces documents sont inscrits sur l'inventaire tenu au détail des travaux. Cette inscription est certifiée sur les états qui sont ensuite renvoyés au ministre.

Art. 373 de l'instruction du 1er octobre 1854.

Le compte des objets en cours de transport est suivi au ministère de la marine. Ce compte est arrêté au désarmement du bâtiment, ou lors du changement du capitaine.

Vérifications prescrites à l'égard des livres et registres de la comptabilité.

Art. 323 de l'instruction du 1er octobre 1854.

Tous les trois mois, le capitaine (1), l'officier en second (2) et l'officier d'administration se réunissent pour arrêter la

---

(1) Le capitaine examine et vise dans les formes et aux époques prescrites, les pièces relatives à l'administration du bâtiment.

Avant d'arrêter ces pièces, il s'assure que les opérations relatives à la recette et à l'emploi du matériel ont été faites régulièrement et avec économie. (*Décret du 15 août 1851, art. 239.*)

(2) L'officier en second veille à ce que l'officier d'administration tienne

comptabilité du bord, et pour statuer sur les observations faites par l'officier d'administration, à raison des irrégularités qu'il aurait reconnues.

Ces officiers sont responsables, au prorata de leurs appointements, des consommations irrégulières ou excessives qu'ils auraient admises en compte, sauf appréciation des motifs de ces consommations.

Il est dressé procès-verbal des opérations indiquées par les deux précédents paragraphes : ce procès-verbal est inscrit à sa date sur le registre des procès-verbaux du bord.

Le capitaine, l'officier en second et l'officier d'administration ont le droit de faire insérer leur opinion individuelle au procès-verbal, dans l'intérêt de leur responsabilité respective.

Le ministre prononce sur tous les cas de responsabilité définis par les articles 315 à 323 inclus de l'instruction du 1er octobre 1854.

Art. 324 de l'instruction du 1er octobre 1854.

Après le désarmement, ou en cas de changement de l'officier d'administration, tous les registres de la comptabilité du matériel sont arrêtés dans les formes déterminées par l'article 323 de l'intruction du 1er octobre 1854.

Art. 403 de l'instruction du 1er octobre 1854.

Prescriptions relatives aux bons de délivrance.

Les *bons* mentionnés en l'article 351 de l'instruction du 1er octobre 1854 sont enregistrés sur le journal (*modèle n° 91*); il leur est donné un numéro d'une série qui est renouvelée chaque année. Ils sont communiqués chaque soir à l'officier d'administration, qui les vérifie, les paraphe et les rend au magasinier.

Art. 383 de l'instruction du 1er octobre 1854.

---

régulièrement la comptabilité du bâtiment. Il examine et vise, aux époques prescrites, les états de consommations et autres pièces relatives à la comptabilité. (*Décret du 15 août, 1851, art. 324, §§ 1 et 2*).

Prescriptions relatives aux états de recettes.

———

Art. 385 de l'instruction du 1er octobre 1854.

Au commencement de chaque mois, ou au 15 lorsqu'il y a lieu de faire les remplacements à cette époque, le magasinier dresse, au moyen du livre journal, un état (*modèle n° 92*), pour chaque maître ou comptable, des recettes de toute nature effectuées à bord.

Cet état est signé par le maître ou comptable, vérifié par l'officier d'administration, et visé par l'officier en second et par le capitaine, d'après ce qui est prescrit à l'article 321 de l'instruction du 1er octobre 1854.

———

Prescriptions relatives aux états de dépenses.

———

Art. 386 de l'instruction du 1er octobre 1854.

A l'époque indiquée dans l'article 385 de l'instruction du 1er octobre 1854, le magasinier dresse l'état (*modèle n° 92*), des dépenses de toute nature effectuées pendant le mois écoulé, concernant les matières et les objets dont il est directement responsable envers l'état.

Il dresse, en outre, pour chaque maître, un état des dépenses de toute nature concernant les objets dont il est responsable envers les maîtres, ainsi que les objets dont ceux-ci sont restés détenteurs.

Ces états présentent distinctement les consommations, les remises, les pertes, ainsi que les indications nécessaires pour permettre d'apprécier l'utilité des consommations.

Les états de dépenses sont vérifiés et certifiés conformément à ce qui est prescrit aux articles 321, 323 et 395 de l'instruction du 1er octobre 1854.

———

Prescriptions relatives aux états collectifs de recettes et de dépenses.

Le magasinier résume dans des états collectifs, par maîtres ou comptables, toutes les recettes qui ont eu lieu à bord, ainsi que les délivrances qu'il a faites pendant le mois et les autres dépenses dont la constatation a été opérée, ainsi qu'il est dit aux articles 330 à 339 inclus de l'instruction du 1er octobre 1854. Ces états présentent distinctement les consommations ordinaires et les consommations extraordinaires. Ils sont vérifiés sur pièces par l'officier d'administration, et soumis par lui à la signature de l'officier en second et à celle du capitaine. ^{Art. 321 de l'instruction du 1er octobre 1854.}

Ces pièces, ainsi régularisées, sont destinées à servir de justification à la comptabilité du bord.

L'officier d'administration rapproche la proportionnalité des délivrances autorisées pour consommations ordinaires avec les fixations règlementaires (1). Il est tenu de signaler au capitaine toutes les différences qu'il aurait reconnues, à peine d'en être déclaré personnellement responsable.

Prescriptions relatives aux états des réparations du matériel et aux états des objets à demander en remplacement.

Lorsque le bâtiment est sur le point d'arriver dans un port de France, les maîtres chargés préparent, chacun en ce ^{Art. 516 du décret du 15 août 1851.}

(1) NOTA : La proportionnalité des délivrances avec les fixations règlementaires ne peut ressortir du simple rapprochement des chiffres. Il faut tenir compte des bases qui ont fait établir les fixations. Ainsi, pour citer un exemple, la peinture accordée pour trois mois pourra être employée en une ou deux fois. Dans ce cas, il faut donc avoir égard, dans la comparaison, au temps écoulé depuis l'armement ou les dernières réparations.

qui concerne son service, un état des réparations qui peuvent être nécessaires aux diverses parties du matériel, ainsi qu'un état des objets à demander en remplacement.

Mode de comptabilité du matériel en service à bord des bâtiments.

Art. 319 de l'instruction du 1er octobre 1854.

La comptabilité du matériel en service à bord des bâtiments est suivie sur double inventaire (*modèle n° 85*).

L'inventaire tenu par l'officier d'administration sert à établir, chaque mois, la situation des matières et des objets dont les maîtres et les autres comptables sont responsables.

Le double inventaire tenu au détail des travaux dans le port auquel appartient le bâtiment sert à contrôler la comptabilité du bord.

DISPOSITIONS SUPPLÉMENTAIRES.

Des livres et des écritures de l'officier d'administration.

Art. 390 de l'instruction du 1er octobre 1854.

L'officier d'administration tient les livres suivants :

1° Un inventaire balance (*modèle n° 85*) en double expédition ;

2° Un livret des feuilles ou billets de demande et de remise (*modèle n° 95*);

3° Un registre des procès-verbaux (*modèle n° 96*).

Ces registres sont cotés et paraphés par le commissaire aux travaux (1).

---

(1) Indépendamment de ces registres, il est remis par le major général,

Lors de l'armement, l'inventaire est formé par l'officier d'administration, au moyen des feuilles des maîtres et autres comptables, lesquelles lui sont communiquées à cet effet, ainsi qu'il est dit à l'article 326 de l'instruction du 1er octobre 1854.

Chaque maître ou comptable a un compte ouvert sur l'inventaire balance.

L'existant à l'armement sert de point de départ à la comptabilité.

Art. 391 de l'instruction du 1er octobre 1854.

L'officier d'administration s'assure de la concordance de son inventaire avec celui qui est ouvert au bureau des travaux. Cette concordance est certifiée par le commissaire préposé à ce détail.

Lors de la visite du bâtiment par la commission supérieure à ce délégué, l'inventaire est présenté au président de la commission qui interroge les différents maîtres ou comptables sur les réclamations qu'ils auraient à faire au sujet des objets mis à leur charge. Il en est fait mention dans le procès-verbal de la commission.

Dans le cas où le prompt départ du bâtiment n'aurait pas permis à l'officier d'administration d'établir l'inventaire balance, les feuilles des maîtres seraient soumises à la commission.

Art. 392 de l'instruction du 1er octobre 1854.

Le livret des feuilles ou billets de demande et de remise (*modèle no 95*), est destiné à l'enregistrement sommaire de toutes les feuilles ou billets qui sont expédiés par le magasinier.

Il indique le numéro et la date des feuilles ou billets, le service auquel ils sont adressés, le maître ou comptable du

Art. 393 de l'instruction du 1er octobre 1854.

au commandant, un registre spécial pour suivre les expériences faites à la mer. (*Circulaire du 24 mars 1851*, Bulletin officiel, *page 251*).

bord que le billet concerné, et la date de la délivrance ou de la remise effective.

Au moyen de ce livret, l'officier d'administration s'assure que tous les duplicatas des billets de demande ou de remise qui ont été expédiés lui sont remis par le magasinier, et qu'aucune omission n'est faite sur les feuilles de recette et de dépense des différents maîtres.

<table>
<tr><td>Art. 394 de l'instruction du 1er octobre 1854.</td><td>Les procès-verbaux constatant les pertes et les consommations extraordinaires sont dressés sur le registre à ce destiné (modèle n° 96). Ils portent une série de numéros d'ordre qui continue jusqu'au désarmement.</td></tr>
</table>

<table>
<tr><td>Art. 395 de l'instruction du 1er octobre 1854.</td><td>Avant de faire inscription des recettes et des dépenses, l'officier d'administration s'assure de l'exactitude des états mensuels qui lui ont été remis en vertu de l'article 387 de l'instruction du 1er octobre 1854.</td></tr>
</table>

Il vérifie également la régularité des consommations. Ainsi qu'il est dit en l'article 321 de la dite instruction, il signale, au moment de la vérification mensuelle, au capitaine et à l'officier en second, toutes les consommations qui lui paraissent irrégulières.

Il inscrit au registre des procès-verbaux la décision intervenue, nonobstant le droit d'observation qui lui est accordé par l'article 323 de l'instruction du 1er octobre 1854.

<table>
<tr><td>Art. 396 de l'instruction du 1er octobre 1854.</td><td>Au commencement de chaque mois, l'officier d'administration transporte sur l'inventaire balance les recettes et les dépenses de toute nature effectuées à quelque titre que ce soit, pendant le mois écoulé. Les consommations sont inscrites en un article distinct. .</td></tr>
</table>

<table>
<tr><td>Art. 397 de l'instruction du 1er octobre 1854.</td><td>Dans les quinze premiers jours de chaque trimestre, les registres de la comptabilité sont vérifiés et arrêtés dans les</td></tr>
</table>

formes déterminées par l'article 325 de l'instruction du 1er octobre 1854.

Les états constatant les recettes et les dépenses sont ensuite adressés au port chargé de suivre la comptabilité du bâtiment.

Il est dressé procès-verbal des résultats de la vérification mensuelle des consommations, et de l'arrêté trimestriel des registres de la comptabilité. Ce procès-verbal est inscrit à sa date sur le registre des procès-verbaux. *Art. 398 de l'instruction du 1er octobre 1854.*

Dans les vingt-quatre heures de l'arrivée sur une rade de France d'un bâtiment qui ne fait point partie d'une escadre ou d'une division, l'officier d'administration remet au commissaire aux travaux le registre des procès-verbaux, ainsi que le livre journal des recettes et des dépenses tenus par le magasinier, et tous autres documents dont il lui est demandé communication. *Art. 399 de l'instruction du 1er octobre 1854.*

Le commissaire aux travaux vérifie ces différents registres, ainsi qu'il est dit à l'article 418 de l'instruction du 1er octobre 1854, et les remet immédiatement à l'officier d'administration.

A la fin de chaque trimestre, le commissaire aux travaux dresse, pour être transmis au ministre, un rapport sommaire sur les résultats des vérifications qui ont été opérées (*modèle n° 97*).

Tous les trois mois ou avant le départ du bâtiment, l'officier d'administration d'un bâtiment qui se trouve sur une rade de France soumet le registre des recettes à la vérification du commissaire aux travaux, qui constate la concordance des résultats présentés par ce registre avec les écritures tenues dans ses bureaux. *Art. 400 de l'instruction du 1er octobre 1854.*

Art. 401 de l'instruction du 1er octobre 1854.

Dans le premier mois de chaque année, l'officier d'administration fait ressortir sur l'inventaire balance le restant à bord à l'époque du 31 décembre de l'année précédente. Il fait parvenir au détail des travaux du port qui compte de la dépense du bâtiment une expédition de cet inventaire, dûment certifiée par lui, par l'officier en second et par le capitaine.

Art. 402 de l'instruction du 1er octobre 1854.

Au désarmement, l'officier d'administration reporte sur l'inventaire balance, les remises du matériel en magasin, ainsi que les objets laissés à bord, d'après l'état qui en a été dressé dans la forme déterminée par l'article 378 de l'instruction du 1er octobre 1854.

Il totalise les recettes et les dépenses, et fait ressortir les différences, s'il y a lieu.

De l'approvisionnement de prévoyance en effets d'habillement.

Art. 557 du décret du 11 août 1856.

Un approvisionnement de prévoyance en effets d'habillement est entretenu à bord de chaque bâtiment armé. Il est fixé à raison des campagnes ou missions par les instructions générales du ministre.

Art. 558 du décret du 11 août 1856.

L'approvisionnement de prévoyance des bâtiments armés est constitué dès que ces bâtiments ont reçu l'ordre de se préparer au départ.

Les effets sont placés à bord dans un local disposé à cet effet.

Art. 559 du décret du 11 août 1856.

Les effets à distribuer à titre de remplacement aux équipages des bâtiments, dans un port ou sur une rade en France, sont, à moins de circonstances extraordinaires, délivrés mensuellement par les divisions.

Les effets d'habillement nécessaires aux bâtiments, soit pour les remplacements, soit pour la constitution des approvisionnements de prévoyance, sont délivrés sur une demande numérique des conseils d'administration des bâtiments, vérifiée et visée par le commissaire aux armements. *Art. 560 du décret du 11 août 1856.*

Cette demande, (*modèle n° 76*), est établie en double expédition. Elle est remise au major de la division qui fixe le jour et l'heure auxquels elle sera servie par le magasin.

Il est pris livraison des effets demandés, dans le magasin de la division, par l'officier d'administration ou par un officier-marinier délégué à cet effet par le conseil du bâtiment. *Art. 561 du décret du 11 août 1856.*

Le délégué du conseil d'administration du bâtiment donne récépissé des effets sur les deux expéditions de la demande. L'officier d'habillement de la division certifie la délivrance sur le livret du bâtiment, après y avoir fait porter la valeur des effets remis.

Après l'enlèvement des effets, aucune réclamation n'est admise sur leur nombre, leur nature ou leur état.

Après la délivrance des effets, leur évaluation est portée sur les demandes par les soins de l'officier d'habillement de la division, qui conserve une des deux expéditions à l'appui de ses écritures. *Art. 562 du décret du 11 août 1856.*

A la fin de chaque mois, le conseil d'administration de la division adresse les duplicatas des demandes servies pendant le mois au commissaire aux armements du port. Celui-ci garde les demandes des bâtiments placés sous son administration, et fait parvenir les autres à ceux de ses collègues qui sont chargés de la tenue du double du rôle d'équipage. Les commissaires aux armements font inscription des délivrances faites

7

aux bâtiments dont ils centralisent la dépense, sur le compte sommaire de l'habillement placé en tête du rôle d'équipage.

Art. 563 du décret du 11 août 1856. Les conseils d'administration des bâtiments en cours de campagne font parvenir les demandes d'effets nécessaires à leurs besoins au ministre de la marine, qui désigne la division qui devra y satisfaire et la voie qui sera employée pour leur transmission.

L'emballage, l'expédition et la réception des effets sont effectués conformément aux instructions arrêtées par le ministre.

Un état apprécié des effets expédiés est adressé au commissaire aux armements dans la forme indiquée à l'article 562 du décret du 11 août 1856.

Lorsque les demandes sont faites pour les besoins généraux d'une escadre ou division navale, sans qu'il y ait eu désignation particulière de bâtiment, l'envoi est adressé au conseil d'administration du bâtiment amiral, qui en prend charge dans ses écritures.

Art. 564 du décret du 11 août 1856. Les envois d'effets d'une division à une autre division sont effectués dans la forme indiquée en l'article 563 du décret du 11 août 1856, pour les envois d'une division à un bâtiment.

Art. 565 du décret du 11 août 1856. A la mer et en pays étranger, les conseils d'administration des bâtiments peuvent effectuer à d'autres conseils des cessions d'effets d'habillement.

Il est procédé, dans ce cas, par les conseils des deux bâtiments, dans la forme indiquée pour les délivrances à faire par les divisions.

Toutefois, la demande est dressée en triple expédition, et deux de ces expéditions sont transmises, par le conseil qui a fait la cession, au commissaire aux armements du port qui compte de la dépense du bâtiment, lequel se conforme aux prescriptions de l'article 555 du décret du 11 août 1856.

Les effets d'habillement en approvisionnement de pré-voyance sont entretenus avec soin. Ils sont visités au moins une fois par mois en présence de l'officier en second et de l'officier d'administration. Le résultat de cette visite est constaté par un procès-verbal inscrit sur les journaux du bord et sur le registre des délibérations du conseil.

Le conseil d'administration est responsable de la conservation de ces effets, sauf les cas de force majeure dûment constatés. Toutefois, cette responsabilité n'atteint l'officier d'administration que dans la limite déterminée à l'article 451 du décret du 11 août 1856.

Au désarmement des bâtiments, les effets d'approvisionnement de toute nature qui n'ont pas été délivrés sont versés dans les magasins de la division du port. L'officier d'habillement donne récépissé du nombre de ces effets sur une des expéditions de la remise.

Avant leur réintégration définitive en magasin, les effets sont soumis à l'examen d'une commission composée du commissaire aux armements, du major de la division et d'un officier supérieur du port désigné par le major général. Cette commission, après avoir entendu l'officier d'habillement de la division, l'officier en second et l'officier d'administration du bâtiment, évalue dans un procès-verbal (*modèle n° 77*), la dépréciation que les effets ont subie ; elle exprime, en outre, son opinion sur la responsabilité encourue par le conseil du bâtiment.

Ce procès-verbal, en triple expédition, est transmis au ministre, qui statue sur le remboursement, par qui de droit, de la perte résultant des détériorations.

Les dispositions contenues en l'article 567 du décret du 11 août 1856 sont observées à l'égard des effets avariés existant à bord des bâtiments sur rade, et pour lesquels le préfet mari-

Art. 566 du décret du 11 août 1856.

Art. 567 du décret du 11 août 1856.

Art. 568 du décret du 11 août 1856.

time autoriserait la remise en magasin, afin d'éviter leur détérioration complète.

Art. 569 du décret du 11 août 1856. Le tabac et le savon dont les bâtiments armés auraient besoin pour la durée de la campagne à entreprendre sont délivrés par le magasin général, sur la demande des conseils d'administration.

Les règles relatives aux approvisionnements de prévoyance en effets d'habillement sont applicables aux approvisionnements de cette nature.

Art. 570 du décret du 11 août 1856. Les approvisionnements de prévoyance qu'il y aurait lieu de former dans les détachements ayant une administration distincte sont régis par les dispositions indiquées ci-dessus.

Des magasins de prévoyance dans les stations navales.

Art. 404 de l'instruction du 1er octobre 1854. Lorsque, en pays étranger, il est nécessaire de former un magasin de prévoyance pour pourvoir aux besoins des bâtiments faisant partie d'une escadre ou attachés à une station navale, il est tenu pour ce magasin une comptabilité distincte par un agent spécial qui est placé sous la direction et sous la surveillance immédiate du commissaire de l'escadre ou de la division.

Si le magasin de prévoyance est établi à bord d'un bâtiment, cette comptabilité est tenue par le magasinier.

Art 405 de l'instruction du 1er octobre 1854. La comptabilité des magasins des stations navales se compose :

D'un journal des recettes et des dépenses, (*modèle n° 91*) et d'un registre-balance (*modèle n° 93*).

Les versements à effectuer par les magasins des stations navales aux divers bâtiments s'opèrent, sur l'ordre du commandant en chef, dans la forme prescrite à l'article 337 de l'instruction du 1er octobre 1854. Les états constatant ces versements sont visés par le commissaire de la division.

Art. 406 de l'instruction du 1er octobre 1854.

Au commencement de chaque trimestre, le comptable du magasin de prévoyance forme, d'après son journal, des états des recettes et des dépenses effectuées pendant le trimestre écoulé (modèle n° 92).

Art. 407 de l'instruction du 1er octobre 1854,

Après avoir été vérifiés par le commissaire de l'escadre ou de la division et visés par le commandant en chef, ces états sont adressés au ministre avec les pièces à l'appui. Dans le cas où il n'y aurait eu ni recette ni dépense pendant un trimestre, il en serait adressé avis au ministre. Après vérification au ministère, les pièces justificatives sont transmises au port qui compte de la dépense du magasin de prévoyance.

Au commencement de chaque année, il est adressé au ministre une copie du registre-balance pour l'année écoulée.

Art. 408 de l'instruction du 1er octobre 1854.

Lors du remplacement du comptable du magasin de prévoyance ou du commandant de la division, la comptabilité est arrêtée et renouvelée dans les formes prescrites par l'article 425 de l'instruction du 1er octobre 1854.

Art. 409 de l'instruction du 1er octobre 1854.

Les registres sont déposés au détail des travaux.

Il est procédé à leur vérification, conformément à ce qui est prescrit par les articles 421 et suivants de l'instruction précitée à l'égard de la comptabilité des bâtiments et au moyen des pièces justificatives qui ont été transmises par le ministre.

Du matériel existant dans les dépôts établis hors du territoire continental (1).

Art. 1er du règlement du 30 octobre 1860.

La comptabilité du matériel appartenant au service *marine*, et existant dans les dépôts établis hors du territoire continental, est suivie par les fonctionnaires ou agents désignés à cet effet.

Cette comptabilité est tenue distinctement par service, suivant la classification indiquée à l'article 55 du décret du 30 novembre 1857.

Art. 2 du règlement du 30 octobre 1860.

L'agent chargé de la comptabilité tient un livre journal (*modèle n° 91 annexé à l'instruction du 1er octobre 1854, modèle n° 1 inséré à la page 387 du Bulletin officiel du 2e semes-*

---

(1) Il résulte des documents qui me sont transmis que la comptabilité du matériel de toute nature appartenant au service *marine*, et existant tant dans les colonies, que sur les autres points situés hors du territoire continental, n'est pas suivie d'une manière uniforme par les détenteurs qui en sont aujourd'hui chargés.

D'une part, les divisions des recettes et des dépenses, ainsi que la période qu'embrassent les comptes, varient suivant les localités ; d'une autre part, plusieurs de ces comptes ne contiennent que des indications incomplètes ou insuffisantes ; partout enfin, la situation du matériel dont il s'agit est telle que jusqu'ici l'on n'a pu, dans mes bureaux, en suivre les mouvements avec toute l'exactitude désirable, et que l'on s'est trouvé, en outre, dans l'impossibilité, pour la plus grande partie, d'en rattacher la valeur au compte général que publie annuellement mon département. Afin de remédier à ces inconvénients, j'ai arrêté les dispositions qui font l'objet du règlement ci-joint, lequel sera applicable, à partir du 1er janvier 1861, dans tous les dépôts, à l'exception, toutefois, de l'*Algérie*, où la comptabilité continue d'être tenue d'après le mode actuellement en usage.

Ce règlement ne me paraît comporter aucun développement. Les prescriptions qu'il renferme sont d'une exécution facile, et n'ont d'autre but que d'exiger des dépositaires actuels la reddition de comptes plus réguliers que ceux qui ont été fournis jusqu'à ce jour. Je me bornerai à faire remarquer que le livre journal, le registre-balance, les pièces justificatives, les états de recette et de dépense, ainsi que les relevés trimestriels dont il est question dans le dit règlement, seront distincts pour chaque service. Les relevés seuls seront établis en quantités et en valeurs ; tous les autres documents de comptabilité ne comprendront que des quantités, sauf l'in-

tre 1860), destiné à l'inscription des entrées et des sorties de toute nature.

Chaque pièce justificative enregistrée sur le journal est anno- Art. 3 du règlement
du 30 octobre 1860.
tée d'un numéro d'ordre dont la série est renouvelée. chaque année.

Les pièces justificatives sont établies en quantités. Les ma- Art. 4 du règlement
du 30 octobre 1860.
tières et les objets y sont portés sous les numéros et les désignations indiqués dans la nomenclature des matières et objets, spéciale à chaque service.

Les pièces justificatives concernant les achats présentent, Art. 5 du règlement
du 30 octobre 1860.
à titre de renseignements et en un seul chiffre, avec le numéro

---

dication, en un seul chiffre, du montant des achats et des cessions sur les pièces relatives à ces opérations.

J'ajouterai que les ordres de délivrance qui, d'après la circulaire du 2 avril 1858 (*Bulletin officiel*, page 250), devaient accompagner les états constatant les délivrances faites aux bâtiments dans les colonies, seront, à l'avenir, mis à l'appui des relevés trimestriels des recettes et des dépenses effectuées dans les dépôts.

Je crois devoir, en même temps, appeler votre attention sur les formalités à remplir en ce qui touche les envois.

Aux termes de l'instruction du 1er octobre 1854, les services auxquels sont remis les matières et objets expédiés doivent me faire parvenir des certificats de réception. Il importe que ces pièces me soient exactement transmises par les dépôts. Je rappellerai ici que, d'après les prescriptions de la circulaire du 6 septembre 1855, insérée au *Bulletin officiel*, page 697, chaque certificat doit indiquer le service auquel appartiennent les matières et les objets, et correspondre à une seule facture d'envoi. D'une autre part, en cas de différences entre les quantités expédiées et les quantités arrivées à destination, il devra être annexé aux certificats de réception, conformément à la circulaire du 8 juillet 1856 (*Bulletin officiel*, page 594), un *extrait* du procès-verbal de recette mentionnant les articles présentant des excédants ou des déficits, ainsi que ceux qui auraient nécessité des changements de classification par suite d'avaries ou de toute autre circonstance. Cet extrait reproduira les explications qui auront été fournies par le capitaine relativement aux différences constatées, et fera connaître l'opinion motivée de la commission de recette sur les causes des excédants et des déficits.

de la traite, s'il y a lieu, la somme payée au fournisseur pour les matières et les objets dont elles constatent l'entrée.

Les pièces d'entrée ou de sortie relatives aux cessions, indiquent, également en un seul chiffre, la valeur des matières et des objets cédés, calculée d'après les prix de cession.

Art. 6 du règlement du 30 octobre 1860. — Au commencement de chaque mois, l'agent chargé de la comptabilité du dépôt dresse un état (*modèle n° 92 annexé à l'instruction du 1er octobre 1854, modèle n° 2 inséré à la page 389 du Bulletin officiel du 2e semestre 1860*), comprenant toutes les recettes, et un autre état (*même modèle*), présentant toutes les dépenses effectuées pendant le mois écoulé.

Quant aux envois faits par les dépôts aux ports de France, il sera remis au capitaine chargé du transport un état ou facture énonçant les espèces et quantités des matières et objets à transporter. Une ampliation de cet état portant évaluation me sera adressée, et un avis d'expédition, également apprécié, sera, en outre, transmis au port destinataire.

Je me réfère d'ailleurs, en ce qui concerne les prescriptions de détail à observer à l'égard des envois faits ou reçus, à la circulaire précitée en date du 8 juillet 1856.

Je vous fais expédier des exemplaires du règlement ci-joint et des nomenclatures des matières et objets de consommation et de transformation, avec des registres et des imprimés (*modèles nos 91, 92 et 93, annexés à l'instruction du 1er octobre 1854*), auxquels il y aura à faire, à la main, de légères modifications pour les approprier à leur destination ; les modèles nos 1, 2 et 3, insérés aux pages 387, 389, 390 et 391 du *Bulletin officiel du 2e semestre 1860*, font suffisamment connaître en quoi consistent les changements à opérer. Vous recevrez, en même temps, des imprimés conformes au modèle n° 4, pour servir à la formation des relevés trimestriels des existants, des entrées et des sorties.

Les formules dont l'emploi est prescrit par l'instruction du 1er octobre 1854 pour la justification des opérations à charge et à décharge serviront également, s'il y a lieu, dans les dépôts ; mais il ne vous en sera fait un envoi que lorsque vous m'aurez transmis, sous le timbre de la direction de la comptabilité générale (*service intérieur et archives*), un état indiquant, avec les quantités nécessaires, ceux de ces imprimés qui auront été reconnus susceptibles d'être utilisés. (*Circulaire n° 258 du 30 octobre 1860, Bulletin officiel, page 381*).

Il est tenu un registre balance (*modèle n° 93 annexé à l'instruction du 1er octobre 1854, modèle n° 3 inséré à la page 391 du Bulletin officiel du 2e semestre 1860*), par espèce de matières ou d'objets.

Art. 7 du règlement du 30 octobre 1860.

Les résultats des états des recettes et des dépenses mentionnés en l'article précédent sont reportés sur ce registre.

Au commencement de chaque trimestre, l'agent chargé de la comptabilité du dépôt forme, d'après son journal, le relevé (*modèle n° 4*) des entrées, des sorties et des existants.

Art. 8 du règlement du 30 octobre 1860.

Ce relevé ne comprend que les espèces de matières ou d'objets qui ont subi des mouvements pendant le trimestre. Toutefois, le relevé du 4e trimestre reproduit tous les articles du registre-balance qui présentent un existant à la fin de l'année, alors même qu'ils n'ont éprouvé aucun mouvement.

Les quantités inscrites sur chaque relevé sont évaluées d'après les prix officiels déterminés par la nomenclature.

Art. 9 du règlement du 30 octobre 1860.

Les articles non compris dans la nomenclature sont portés sous le numéro d'unité collective affecté aux matières et objets divers non règlementaires, sans numéro d'unité simple, mais par espèces de matières ou d'objets.

Art. 10 du règlement du 30 octobre 1860.

Les prix applicables à ces articles sont établis au moyen des marchés ou de tous autres documents, suivant qu'ils proviennent d'achat, de cession, etc. Toutefois, ces prix, une fois déterminés, continuent à servir à l'évaluation des mêmes objets non nomenclaturés reçus ultérieurement.

Chacun des relevés trimestriels est transmis au ministre par la première occasion, appuyé des états mensuels des recettes et des dépenses, ainsi que des pièces justificatives.

Art. 11 du règlement du 30 octobre 1860.

Cet envoi a lieu sous le timbre de la direction de l'administration, *bureau de la comptabilité des matières.*

Art. 12 du règlement
du 30 octobre 1860.
Les dispositions de l'instruction du 1er octobre 1854 relatives à la constatation et à la justification des recettes et des dépenses, ainsi qu'à la surveillance administrative de la comptabilité, sont suivies dans les dépôts où l'organisation du service se prête à leur application

TROISIÈME PARTIE.

DISPOSITIONS DISCIPLINAIRES ET PÉNALES APPLICABLES AUX MAGASINIERS
DE LA FLOTTE.

Tout marin doit, en toutes circonstances, même hors du service, de la déférence et du respect aux grades qui sont supérieurs au sien, quels que soient l'arme et le corps auxquels appartiennent ceux qui en sont revêtus.

L'inférieur prévient le supérieur en le saluant le premier ; le supérieur rend le salut.

Art. 183 du décret du 3 décembre 1856 sur le service des équipages de la flotte.

Tout inférieur doit le salut à son supérieur lorsqu'il passe près de lui. Ce salut est dû, à terre comme à bord, aux supérieurs de toute arme et de toute nation.

Toute personne salue en paraissant sur le gaillard d'arrière.

Art. 50 du décret du 15 août 1851.

. Le salut des marins consiste à se découvrir quand ils ne sont pas sous les armes ou dans le rang.

Tout officier-marinier, quartier-maître, ou marin qui est assis, se lève pour saluer un officier et se tourne de son côté.

Le salut ne se renouvelle pas dans une promenade ou dans un lieu public.

Art. 184 du décret du 3 décembre 1856 sur le service des équipages de la flotte.

Tout officier-marinier, quartier-maître ou marin, parlant à un officier, se découvre jusqu'à ce que l'officier l'autorise à se couvrir. Quand il est dans le rang, sans armes, il porte la main droite au côté droit de la coiffure.

Art. 33 du décret du 15 août 1851. Tout inférieur doit respect à son supérieur, et obéit de la manière la plus absolue aux ordres qu'il reçoit de lui.

Tout supérieur maintient le respect et l'obéissance qui lui sont dus, et s'abstient, envers son inférieur, de tout mauvais traitement.

Art. 34 du décret du 15 août 1851. Tout supérieur donne l'exemple des bonnes mœurs, du respect pour la religion et pour l'ordre public.

Il donne également l'exemple du zèle et de la subordination.

Il maintient en toutes circonstances et de tout son pouvoir la discipline, le bon ordre et la stricte exécution des règlements et des consignes.

Dans toutes les circonstances et quels que soient les dangers auxquels il peut se trouver exposé, il fait tous ses efforts pour contribuer à la gloire des armes de la France et soutenir l'honneur du pavillon.

Art. 35 du décret du 15 août 1851. Chacun doit respecter la religion, les mœurs, les institutions et les usages des populations au milieu desquelles il se trouve.

Art. 36 du décret du 15 août 1851. Nul ne quitte son poste sans ordre ou sans avoir été relevé.

Art. 38 du décret du 15 août 1851. Nul ne peut s'absenter du bâtiment sans autorisation.

Art. 41 du décret du 15 août 1851. Tout supérieur est responsable des conséquences des ordres qu'il donne.

Tout subordonné est responsable de l'exécution des ordres qu'il reçoit.

Tout inférieur rend compte à son supérieur de l'accomplissement des ordres qu'il en a reçus, ou des motifs qui ont pu en empêcher l'exécution.

Sont réputés fautes contre la discipline et punis comme telles, suivant leur gravité : Art. 332 du décret du 3 décembre 1856 sur le service des équipages de la flotte.

Tout murmure, mauvais propos, ou défaut d'obéissance ; l'infraction des punitions, l'ivresse, pour peu qu'elle trouble l'ordre ; les querelles, soit entre marins, soit avec des citoyens ou des militaires ; le manque aux appels et aux différents services ; les contraventions aux ordres et aux règles de police ; enfin toute faute provenant de négligence, de paresse ou de mauvaise volonté.

Les fautes sont toujours plus graves quand elles sont réitérées et surtout habituelles, quand elles ont lieu pendant la durée du service, ou lorsqu'il s'y joint quelque circonstance qui peut porter atteinte à l'honneur, causer du scandale ou entraîner du désordre.

Tout supérieur qui rencontre un inférieur pris de vin, ou troublant la tranquillité publique, ou dans une tenue indécente, doit employer son influence et même son autorité pour le faire rentrer dans l'ordre ; toutefois, il doit éviter de se commettre avec lui, particulièrement lorsque l'inférieur est dans l'ivresse ; il cherche à le faire arrêter par ses camarades, et, au besoin, par la garde.

Tout supérieur, selon le cas, punit son inférieur ou requiert sa punition conformément aux lois et règlements. Art. 42 du décret du 15 août 1851.

Tout supérieur doit arrêter toute querelle entre ses inférieurs et si des voies de fait sont commises, il les réprime et en provoque sur le champ la punition. Art. 43 du décret du 15 août 1851.

Il veille à ce que, à moins de nécessité absolue, aucune personne de l'équipage à l'état d'ivresse, et qu'il y a lieu d'arrêter, ne soit approchée que par des hommes qui ne sont pas ses supérieurs en grade.

Art. 44 du décret du 15 août 1851.

Tout supérieur quel que soit son grade, qui est témoin, soit à bord, soit à terre, d'un désordre quelconque, ou d'un détournement d'objets appartenant à l'Etat ou de faits de nature à compromettre la sûreté d'établissements de la marine ou de bâtiments de la flotte, doit, selon sa situation, ou réprimer sur-le-champ ces actes, ou en rendre compte, dans le plus bref délai possible, à son chef immédiat et à l'autorité compétente.

Art. 45 du décret du 15 août 1851.

Si un inférieur se croit fondé à se plaindre d'un acte illégal ou d'un procédé offensant à son égard de la part de son supérieur, il est autorisé à lui adresser par écrit des représentations respectueuses, sans que toutefois l'exécution des ordres reçus puisse en être retardée. La réclamation n'est permise à l'inférieur que lorsqu'il a obéi.

Dans le cas où ces représentations ne seraient pas accueillies, cet inférieur peut les transmettre à l'autorité supérieure compétente.

Toutes adresses et réclamations collectives sont interdites.

Art. 46 du décret du 15 août 1851.

Les relations écrites de l'inférieur au supérieur doivent consacrer l'expression du respect, et être rédigées selon la forme indiquée au modèle n° 22, annexé au décret du 15 août 1851.

Art. 47 du décret du 15 août 1851.

Tout écrit officiel, si ce n'est dans les cas prévus par les règlements spéciaux (1), adressé par toute personne

(1) Il est interdit aux personnes de tout grade, appartenant à la marine de faire quelque publication que ce soit, sans l'autorisation du ministre. (*Circulaire n° 409 du 16 décembre 1852, page 601 du Bulletin officiel.*)

embarquée au ministre de la marine ou au commandant en chef, doit être remis ouvert au capitaine du bâtiment. Celui-ci prend connaissance de cette pièce et la transmet, sans délai, au commandant en chef, en y joignant, s'il le juge à propos, ses propres observations. Si l'écrit est adressé au ministre, le commandant en chef peut surseoir à le transmettre : dans ce cas, il en informe l'auteur de l'écrit. Si, après un délai qui ne peut excéder quinze jours, celui-ci persiste dans sa première détermination, le commandant en chef adresse la pièce au ministre, en y joignant ses propres observations.

Toute personne embarquée, à quelque corps de la marine qu'elle appartienne, porte constamment l'uniforme de son grade et se conforme à la tenue prescrite pour chaque jour. Art. 48 du décret du 15 août 1851.

Il est expressément interdit à toute personne appartenant à un bâtiment d'embarquer aucun objet dans un but de spéculation commerciale. Art. 49 du décret du 15 août 1851.

Il est interdit à toute personne appartenant à l'état-major ou à l'équipage d'un bâtiment de se livrer à aucun commerce. Il lui est également interdit d'avoir aucun intérêt direct ou indirect dans les marchés relatifs aux fournitures ou aux travaux entrepris pour le service du bâtiment.

Tout agent du service des magasins qui aura soustrait ou tenté de soustraire des matières ou des objets appartenant à l'Etat doit, après avoir subi la peine de simple police, être renvoyé du service, nonobstant le jugement d'absolution rendu par le tribunal qui aura connu de l'affaire. Dépêche du 2 juillet 1852.

Est puni de la réclusion tout comptable ou autre individu au service de la marine, qui falsifie ou fait falsifier des Art. 358 du code de justice maritime.

substances, matières, denrées ou liquides, confiés à sa garde ou placés sous sa surveillance, ou qui, sciemment, distribue ou fait distribuer les dites substances, matières, denrées ou liquides falsifiés.

La peine de la réclusion est également prononcée contre tout comptable ou autre individu au service de la marine, qui, dans un but coupable, distribue ou fait distribuer des viandes provenant d'animaux atteints de maladies contagieuses ou des matières, substances, denrées ou liquides corrompus ou gâtés.

Art. 169 du code pénal ordinaire.

Tout dépositaire ou comptable public, qui aura détourné ou soustrait des effets mobiliers, qui étaient entre ses mains en vertu de ses fonctions, sera puni des travaux forcés à temps si les choses détournées ou soustraites sont d'une valeur au dessus de trois mille francs.

Art. 171 du code pénal ordinaire.

Si les valeurs détournées ou soustraites sont au dessous de trois mille francs, la peine sera un emprisonnement de deux ans au moins et cinq ans au plus, et le condamné sera de plus déclaré à jamais incapable d'exercer aucune fonction publique.

Art. 345 du code de justice maritime.

Est puni d'un emprisonnement de deux mois à cinq ans tout individu au service de la marine qui, volontairement, détruit, lacère ou met hors de service des bois, métaux, toiles ou autres matières à lui confiées pour être travaillées.

Art. 346 du code de justice maritime.

Est puni de la réclusion tout individu qui, volontairement, détruit, brûle ou lacère des registres, minutes ou autres originaux de l'autorité maritime.

Art. 349 du code de justice maritime.

Est puni des travaux forcés à temps tout comptable ou autre individu au service de la marine qui exagère le montant des consommations ou commet tout autre faux dans ses comptes.

S'il existe des circonstances atténuantes, la peine est la réclusion ou un emprisonnement de deux ans à cinq ans.

Est puni d'un an à cinq ans d'emprisonnement tout comptable ou autre individu au service de la marine qui fait sciemment usage dans son service de faux poids ou de fausses mesures.

Art. 350 du code de justice maritime.

Est puni de la réclusion tout administrateur, comptable ou autre individu au service de la marine, tout militaire embarqué, qui contrefait ou tente de contrefaire les sceaux, timbres ou marques destinés à être apposés soit sur les actes ou pièces authentiques relatives au service maritime ou militaire soit sur des effets ou objets quelconques appartenant à l'Etat, ou qui en fait sciemment usage.

Art. 351 du code de justice maritime

Est puni de la dégradation militaire tout administrateur, comptable ou autre individu au service de la marine, tout militaire embarqué, qui, s'étant procuré les vrais sceaux, timbres ou marques ayant l'une des destinations indiquées à l'article 351 du code de justice maritime, en fait ou tente d'en faire soit une application frauduleuse, soit un usage préjudiciable aux droits et aux intérêts de l'Etat ou des marins et militaires.

Art. 352 du code de justice maritime.

Est puni d'un emprisonnement de deux mois à deux ans tout individu qui, dans un but coupable, efface ou fait disparaître les marques ou timbres appliqués sur les objets du matériel maritime.

Art. 353 du code de justice maritime.

Si le coupable est comptable des objets démarqués, il est puni de deux ans à cinq ans de la même peine.

8

Art. 295 du code de justice maritime.

Tout individu employé dans un établissement maritime qui refuse d'obéir lorsqu'il est commandé pour un service, soit en présence de l'ennemi ou de rebelles armés, soit dans un incendie ou autre danger menaçant la sûreté de l'établissement dans lequel il est employé, est puni d'un emprisonnement de deux mois à deux ans.

Art. 297 du code de justice maritime.

Est puni de la réduction de grade ou de classe tout individu au service de la marine ou embarqué sur un bâtiment de l'Etat, qui insulte une sentinelle par paroles, gestes ou menaces.

Art. 301 du code de justice maritime.

Tout individu au service de la marine coupable de voies de fait envers son supérieur pendant le service ou à l'occasion du service est puni ·

1° S'il y a eu préméditation ou guet-apens de la réclusion ;

2° Dans les autres cas, d'un emprisonnement de deux mois à deux ans.

Art. 337 du code de justice maritime.

Est puni des travaux forcés à temps tout individu qui, volontairement, détruit, désempare ou dévaste par d'autres moyens que l'incendie ou l'emploi de matières explosives, des vaisseaux, bâtiments ou embarcations de l'Etat, des édifices, ouvrages militaires, magasins, ateliers ou chantiers appartenant à la marine.

S'il existe des circonstances atténuantes, la peine est celle de la réclusion ou même de deux ans à cinq ans d'emprisonnement.

Art. 336 du code de justice maritime.

Est puni de mort tout individu qui, volontairement, incendie par un moyen quelconque, ou détruit, par l'emploi de matières explosives des vaisseaux ou tous autres bâtiments ou embarcations de l'Etat, des édifices, ouvrages militaires, magasins, ateliers ou chantiers appartenant à la marine. S'il existe des circonstances atténuantes, la peine est celle des travaux forcés à temps.

Est puni de six mois à cinq ans d'emprisonnement tout individu coupable d'avoir, par négligence, occasionné un incendie dans les rades, ports, arsenaux et établissements de la marine. Art. 339 du code de justice maritime.

Toute personne embarquée à quelque titre que ce soit se conforme aux prescriptions des lois, ordonnances, décrets et règlements relatifs au service de la marine et les fait exécuter en ce qui la concerne. Elle est également responsable de l'inobservation de ces prescriptions et des conséquences qui peuvent en résulter. Art. 51 du décret du 15 août 1851.

Toute communication écrite ou verbale sur les mouvements des forces navales et autres de l'Etat lui est défendue.

Toute critique de la conduite ou des ordres des supérieurs, toute action ou parole de nature à affaiblir l'autorité des chefs ou à ébranler la confiance des équipages, lui sont formellement interdites. Tout supérieur présent arrête immédiatement toute infraction à cet égard.

Il est défendu à toute personne embarquée d'apporter à bord des liqueurs spiritueuses ou des matières inflammables sans l'autorisation du capitaine ou de l'officier en second. Art. 52 du décret du 15 août 1851.

Toute personne embarquée qui n'est pas logée dans une chambre ou dans un poste est assujétie au branle-bas. Art. 54 du décret du 15 août 1851.

Pendant toute manœuvre ou tout exercice le plus grand silence doit être observé dans toutes les parties du bâtiment. Art. 55 du décret du 15 août 1851.

L'équipage ne peut fumer que sur le gaillard d'avant et dans la batterie haute à tribord, dans l'espace compris entre le grand panneau et la cuisine. Art. 57 du décret du 15 août 1851.

Art. 512 du décret du
15 août 1851.

Le service de la table des maîtres est dirigé à tour de rôle par chacun des officiers-mariniers et autres personnes qui en font partie. Le maître d'équipage et le commis aux vivres sont exempts de ce service.

Art. 513 du décret du
15 août 1851.

Les permissions de s'absenter sont demandées par les maîtres chargés directement à l'officier en second. Ils préviennent cet officier et l'oficier de quart au moment de leur départ du bord et au moment de leur retour.

Aucun maître chargé ne peut s'absenter en même temps que l'officier-marinier ou le quartier-maître qui doit le suppléer.

Art. 514 du décret du
15 août 1851.

En cas d'absence momentanée, un maître chargé est remplacé pendant cette absence par le plus ancien second maître, ou, à défaut, par le plus ancien quartier-maître de sa profession.

Art. 515 du décret du
15 août 1851.

Lorsqu'en cours de campagne un maître chargé vient à décéder ou à être débarqué, celui des officiers-mariniers ou, à défaut, celui des quartiers-maîtres de sa profession qui doit le remplacer, est désigné par le capitaine.

Art. 759 du décret du
15 août 1851.

Lorsqu'un inférieur, étant dans une embarcation naviguant à l'aviron, rencontre un canot portant un officier général, un officier supérieur ou le capitaine de son bâtiment, il fait lever rames, la poignée de l'aviron touchant le fond de l'embarcation, jusqu'à ce que le canot soit passé ; les personnes qui sont dans la chambre du canot de l'inférieur se lèvent et saluent.

Lorsqu'un inférieur étant dans une embarcation naviguant à l'aviron, rencontre un officier qui lui est supérieur de grade, il fait lever rames jusqu'à ce que le canot soit passé.

Les personnes qui sont dans la chambre de l'embarcation de l'inférieur saluent.

Lorsque l'embarcation que monte l'inférieur navigue à la voile, les personnes qui sont dans la chambre de cette embarcation saluent le supérieur rencontré ; si ce supérieur est officier général, officier supérieur, ou le capitaine du bâtiment, les écoutes des voiles sont en outre filées en bande, jusqu'à ce que le canot qui porte ce supérieur soit passé ; toutefois, les écoutes ne sont filées que lorsque l'officier général ou l'officier supérieur est d'un grade plus élevé que l'officier qui salue.

Ces saluts sont dus aux supérieurs de toute arme et de toute nation.

Les officiers-mariniers et les quartiers-maîtres à terre ou embarqués qui, sans avoir commis des délits qui les rendent justiciables des conseils de guerre ou de justice, persévèrent néanmoins, par des fautes qui ne peuvent être suffisamment réprimées par des peines de simple discipline, à porter le trouble et le mauvais exemple dans la division ou à bord du bâtiment auquel ils appartiennent, peuvent être suspendus de leurs fonctions pendant un temps déterminé qui ne doit pas excéder six mois, sauf le cas prévu en l'article 260 du décret du 5 juin 1856. _{Art. 256 du décret du 5 juin 1856.}

Les suspensions sont prononcées par le commandant du bâtiment ou de la division.

A bord, sur l'avis motivé de l'officier en second ;

A terre, sur la proposition du capitaine de la compagnie dont fait partie l'officier-marinier ou le quartier-maître.

La décision prise par le commandant est soumise à l'approbation du major général pour les divisions et les bâtiments placés sous l'autorité des préfets maritimes, ou à celle des commandants en chef pour les bâtiments placés sous leurs ordres.

En cas d'éloignement cette décision reçoit provisoirement son exécution.

Elle est enregistrée sur les rôles, livrets et livres de compagnie. Copie en est transmise au commissaire aux armements.

Art. 259 du décret du 5 juin 1856.

Les dispositions de l'article 256 du décret du 5 juin 1856 relatives à la suspension des officiers-mariniers et des quartiers-maîtres sont applicables aux surnuméraires embarqués.

La décision qni les concerne est prise par le commandant, sur le rapport de l'officier en second et de l'officier d'administration.

Pendant la durée de leur suspension, la solde de ces agents est réduite à la moitié de l'allocation attribuée à l'emploi qu'ils occupaient.

ANNEXE.

ARRÊTÉ
**réglementant la fixation des objets de toute nature à délivrer
aux bâtiments de la flotte
pour armement, rechange et approvisionnements.**

L'Amiral, Ministre Secrétaire d'Etat au département de la marine,

Vu les règlements du 27 novembre et du 9 décembre 1852, portant fixation des objets de toute nature à délivrer, le premier aux bâtiments à voile, le second aux bâtiments à vapeur de l'Etat ;

Vu les décrets et décisions ultérieures qui ont nécessité ou apporté des changements à plusieurs parties de ces règlements ;

Considérant que l'emploi de jour en jour plus général de la vapeur à bord des bâtiments de la flotte amène naturellement la fusion des deux règlements précités ;

Considérant, en outre, qu'il est indispensable d'introduire et de coordonner dans ledit règlement toutes les modifications, corrections et additions résultant des dits décrets et décisions ;

Le Conseil d'amirauté entendu ;

ARRÊTE :

ARTICLE PREMIER. — Les quantités d'objets portés dans les tableaux et les tarifs annexés au dit règlement d'armement ayant été calculées dans la supposition de chances de navigation très défavorables, constituent un maximum auquel les consommations ne doivent jamais atteindre, à moins de circonstances extraordinaires.

ART. 2. — Tout bâtiment qui arme, soit en guerre, soit en transport, ou qui est placé dans l'une des positions prévues par le décret du 20 mai 1857, reçoit les quantités d'objets qui lui sont allouées, suivant son espèce, dans les tableaux annexés au dit règlement d'armement.

ART. 3. — Les objets portés sous les titres : *Armement*, *Rechange*, sont délivrés, pour toute la campagne ou pour un temps indéterminé. A l'exception d'un petit nombre d'entr'eux considérés comme consommables, ils ne peuvent être remplacés que pour cause d'usure ou pour cause de perte, de destruction ou de changement d'emploi, justifiés par procès-verbaux.

Les objets portés sous le titre : *Approvisionnements* sont généralement consommables. Ils sont délivrés proportionnellement à la durée présumée de la campagne ; les allocations portées au règlement ont été calculées pour une campagne de six mois ; elles sont augmentées ou diminuées en raison des circonstances, selon le tarif inscrit dans les tableaux. Les objets consommables sont désignés dans le Règlement par une annotation spéciale.

Art. 4. — Pour les campagnes lointaines ou dont la durée doit être d'au moins deux années, les fixations relatives aux échanges et aux approvisionnements sont soumises à l'approbation du Ministre.

Art. 5. — Lorsqu'un bâtiment déjà armé reçoit l'ordre de compléter ses rechanges et approvisionnements, les demandes sont établies d'après les remplacements nécessaires et les consommations réelles, depuis l'armement ou depuis les derniers remplacements effectués. Si le bâtiment doit, en outre, être armé pour un nombre de mois plus considérable que celui de son armement primitif, il est procédé, pour les délivrances à lui faire relativement à ce nombre de mois, ainsi qu'il est dit au second paragraphe de l'article 3 ci-dessus.

Art. 6. — Lorsqu'il est embarqué des passagers, les quantités d'ustensiles nécessaires au service des vivres et à celui des malades sont augmentés en raison du nombre de ces passagers et de la nature de la campagne.

Art. 7. — Les objets portés pour *mémoire* ne sont délivrés que sur la demande expresse du commandant du bâtiment. Le directeur qui a ordonné la délivrance la fait inscrire sur la feuille du maître compétent. A la fin de l'armement, il est adressé au Ministre une note des objets de cette nature que le commandant ne juge pas devoir prendre à l'armement.

Art. 8. — Le préfet maritime et les officiers commandants en chef une escadre ou une division peuvent, dans le cas de manque d'emplacement à bord, ou à raison de la nature de la campagne, autoriser les capitaines sous leurs ordres à laisser à terre ceux des objets d'armement et d'ameublement qui ne sont pas de première nécessité. Il est rendu compte au Ministre de ces autorisations, conformément à l'article 152 de l'instruction du 1er octobre 1854.

Art. 9. — Le magasinier est directement responsable des matières et des objets portés sur sa feuille, quel que soit le titre de maître sous lequel ils figurent au règlement d'armement. Le magasinier prend lui-même ou fait prendre par l'un de ses agents livraison des objets portés sur la feuille ; mais, pour ceux qui exigent des connaissances spéciales quant à leur qualité et à leurs dimensions, il doit toujours être accompagné du maître compétent ou de l'un de ses délégués.

Art. 10. — S'il reste un espace libre dans le magasin après y avoir déposé les objets portés sur la feuille du magasinier, le commandant y fera placer les divers objets annotés des lettres *M. G.* sur les feuilles des maîtres, en ayant soin toutefois de faire passer en première ligne les objets relatifs au service religieux et le matériel appartenant au service de santé. Le magasinier est responsable de ces objets envers les maîtres chargés ou autres comptables.

Art. 11. — Les objets d'armement et d'ameublement doivent, à moins d'impossibilité absolue, être entretenus et réparés avec les moyens du bord. Ils ne peuvent être réparés par les ateliers du port qu'en cas de force majeure, constatée par procès-verbal. (*Circulaire du 6 juillet 1853, Bulletin officiel*, page 471).

Art. 12 (1). — Les fixations déterminées par le présent règlement ne peuvent être dépassées, sous aucun prétexte, sans une autorisation du Ministre. Toutefois, si un bâtiment destiné à une mission spéciale ou extraordinaire doit partir dans un bref délai, le préfet maritime peut, dans ce cas, autoriser des délivrances supplémentaires, mais seulement pour les objets prévus dans le règlement d'armement.

Art. 13. — A la fin de chaque campagne, et tous les ans au moins pendant la durée de leur embarquement, les commandants des bâtiments de tous rangs doivent adresser au préfet maritime de leur port d'armement, pour être transmises au Ministre, les observations que leur aura suggérées l'expérience sur les dispositions du règlement d'armement. En outre, au mois de janvier de chaque année, les préfets maritimes doivent faire parvenir au Ministre un rapport sur l'ensemble des modifications qui leur paraîtraient devoir être apportées au règlement.

Art. 14. — Toutes les dispositions des règlements ministériels et décisions antérieures au présent règlement sont et demeurent abrogées, en ce qui concerne la fixation des objets de toute nature à délivrer aux bâtiments de la flotte, pour armement, rechange et approvisionnements.

Paris, le 15 juillet 1859.

Signé: HAMELIN.

(1) Voir le Nota de la page 9 du présent Manuel.

DÉCRET

portant création d'un personnel de magasiniers entretenus de la flotte.

NAPOLÉON, par la grâce de Dieu et la volonté nationale, Empereur des Français,

A tous présents et à venir, salut.

Sur le rapport de notre ministre secrétaire d'État au département de la marine et des colonies,

Le Conseil d'amirauté entendu,

Avons décrété et décrétons ce qui suit :

ARTICLE 1er. Pour assurer la tenue de la comptabilité du matériel, la garde du magasin général à bord des bâtiments armés et le service des délivrances, il est créé un personnel de *magasiniers de la flotte* dont le cadre est fixé comme suit :

Magasiniers de 1re classe.	25
id. de 2e classe.	25
id. de 3e classe.	55
id. de 4e classe.	55
Ensemble. . . .	160

ART. 2. La solde à la mer des magasiniers de la flotte est réglée conformément au tableau ci-après :

EMPLOIS.	SOLDE JOURNALIÈRE			
	à la mer.	en congé.	à l'hôpital.	à l'hôpital en congé.
Magasiniers de 1re classe.	3 »	2 »	1 80	1 »
Id. de 2e classe.	2 80	1 85	1 60	» 85
Id. de 3e classe.	2 60	1 70	1 40	» 70
Id. de 4e classe.	2 30	1 55	1 30	» 65

Les accessoires de solde et les frais de bureau des magasiniers embarqués restent fixés tels que les déterminent les tarifs en vigueur.

La solde à terre est réglée de la manière suivante :

	par an.
Magasiniers de 1re classe.	1,200 fr.
id. de 2e classe.	1,100
id. de 3e classe.	900
id. de 4e classe.	800

ART. 3. Les magasiniers de la flotte sont nommés par notre ministre de la marine et des colonies, sur la proposition des préfets maritimes.

Nul ne peut être nommé à l'emploi de magasinier de 4e classe :

1° S'il n'est âgé de 21 ans au moins et 35 ans au plus.

2° S'il n'est exempt de toute infirmité et reconnu propre au service de la flotte par un conseil de santé ;

3° S'il n'a été employé dans les arsenaux pendant deux ans au moins comme écrivain des divers services, comme préposé de dépôt ou comme distributeur.

Pourront aussi être nommés à l'emploi de magasinier de 4e classe :

1° Les officiers-mariniers, sergents-majors et fourriers des équipages de la flotte ;

2° Les sous-officiers des corps de troupe de la marine, ou, à défaut, ceux de l'armée de terre, libérés du service ;

3° Les ouvriers et journaliers des arsenaux réunissant six années de service et dont l'aptitude aura été constatée.

Les magasiniers de la flotte ne pourront passer d'une classe à l'autre qu'après avoir servi pendant un an au moins à la mer dans la classe immédiatement inférieure.

ART. 4. Ceux des magasiniers de la flotte qui ne sont pas embarqués sont inscrits, dans chaque port, sur une liste dite : *des magasiniers en expectative d'embarquement.*

Ils y sont portés à compter de la date de leur débarquement ou du jour de leur nomination.

En attendant une destination à la mer, ils sont employés dans les différents détails du commissariat de la marine.

ART. 5. Les magasiniers dont l'inconduite est signalée et ceux qui refusent de suivre une destination à la mer sont licenciés par notre ministre de la marine et des colonies, sans préjudice de l'application des pénalités légales.

ART. 6. Les magasiniers de la flotte sont assimilés pour la pension de retraite :

Ceux de 1re et de 2e classe, aux maîtres des équipages de la flotte ;

Ceux de 3e et de 4e classe, aux seconds-maîtres.

ART. 7. La tenue des magasiniers de la flotte, le mode à suivre pour l'embarquement, pour les destinations à terre ou pour les propositions d'avancement, la répartition de ces agents entre les cinq ports militaires, et tous les autres détails d'exécution du présent décret, seront réglés par un arrêté de notre ministre de la marine et des colonies.

DISPOSITIONS TRANSITOIRES.

ART. 8. Les magasiniers actuellement embarqués sur les bâtiments de l'Etat, et ceux qui se trouvent sans emploi à terre, pourront être admis dans le nouveau cadre des magasiniers de la flotte, savoir :

1° Comme magasiniers de 1re et de 2e classe, ceux qui ont été embarqués pendant deux ans sur les vaisseaux ou sur les frégates en qualité de magasinier, et qui réunissent au moins cinq ans de service.

2° Comme magasiniers de 3e et de 4e classe, ceux qui auront rempli pendant un an les fonctions de magasiniers à la mer et qui auront au moins deux ans de service.

ART. 9. Toutes dispositions contraires au présent décret sont et demeurent abrogées.

Fait au Palais de Fontainebleau, le 11 juin 1863.

Signé : **NAPOLÉON.**

PAR L'EMPEREUR

Le Ministre secrétaire d'Etat de la marine et des colonies,

Signé : Cte P DE CHASSELOUP-LAUBAT.

ARRÊTÉ MINISTÉRIEL

pour l'application du décret du 11 juin 1863 portant création d'un personnel de magasiniers entretenus de la flotte.

Le Ministre secrétaire d'état au département de la marine et des colonies,

Vu le décret du 11 juin 1863, portant création d'un personnel de magasiniers entretenus de la flotte;

Considérant que l'article 7 du dit décret dispose que les mesures d'exécution seront réglées par un arrêté ministériel ;

Le Conseil d'amirauté entendu,

ARRÊTE :

ART. 1er. Les magasiniers entretenus de la flotte sont chargés, à bord des bâtiments armés, des fonctions déterminées par le décret du 15 août 1851 et par l'instruction du 1er octobre 1854.

A terre, dans les ports, ils sont placés sous les ordres directs du commissaire général de la marine, qui les répartit, suivant les besoins du service, dans les détails du commissariat (*Travaux, approvisionnements et hôpitaux*), pour y être affectés aux écritures de la comptabilité du matériel.

ART. 2. Le cadre général des magasiniers, fixé à 160 par le décret du 11 juin 1863, sera réparti ainsi qu'il suit entre les cinq ports militaires.

EMPLOIS.	Cherbourg.	Brest	Lorient.	Rochefort.	Toulon.	TOTAL.
Magasinier de 1re classe	3	8	3	4	7	25
Id. de 2e classe.	3	8	3	4	7	25
Id. de 3e classe.	8	16	7	10	14	55
Id. de 4e classe.	8	16	7	10	14	55
TOTAUX.....	22	48	20	28	42	160

Les matricules de ces agents sont tenues au détail des revues.

ART. 3. Les magasiniers embarqués, ont droit, suivant leur classe, et quel que soit le rang du bâtiment sur lequel ils sont placés, à la solde fixe indiquée par l'article 2 du décret précité, et aux allocations supplémentaires déterminées par le décret du 11 août 1856.

ART. 4. Ils sont embarqués, autant que possible, savoir :
Les magasiniers de 1re et de 2e classe sur les vaisseaux et les frégates ;
Ceux de 3e et de 4e classe sur tous les autres bâtiments de la flotte.

ART. 5. Une liste des magasiniers entretenus en expectative d'embarquement est tenue dans chaque port au détail des travaux ; ils y sont classés par date de nomination et époque du dernier débarquement.

Des permutations entre les magasiniers portés sur la liste d'embarquement pourront être autorisées par le préfet maritime, sur la proposition du commissaire général.

ART. 6. — La durée de l'embarquement des magasiniers est fixée à trois ans. Après cette période, ils sont débarqués et placés à la queue de la liste d'embarquement.

La même mesure est prise à l'égard de ceux qui sont débarqués, pour quelque cause que ce soit, après deux années accomplies de service à la mer.

Ceux qui sont débarqués avant d'avoir accompli deux années d'embarquement prennent la tête de la liste d'embarquement.

Sur les bâtiments-écoles, pénitenciers ou stationnaires, la durée de l'embarquement est limitée à deux ans.

ART. 7. — Les magasiniers débarqués recevront, s'il y a lieu, après l'apurement de leurs comptes et de la comptabilité générale du bâtiment, une gratification dont la quotité proportionnelle sera ainsi déterminée :

Pour une très-bonne gestion, une gratification équivalente à un mois de solde du comptable pour un an de gestion ;

Pour une bonne gestion, les deux tiers de la solde d'un mois également pour un an de gestion.

Dans les deux cas, il s'agit d'une gestion effective sur un bâtiment définitivement armé.

La gestion d'une durée inférieure à un an n'ouvre pas droit à la gratification.

Cette gratification est calculée sur le montant de la solde et du supplément (1).

---

(1) Les agents compris sous la dénomination de surnuméraires n'ont droit à la solde que pour la durée effective de leurs fonctions. Toutefois, ceux de ces agents qui remplissaient des fonctions de comptables continuent à recevoir leur solde pendant le temps employé à la reddition de leurs comptes. La durée de cette concession ne peut excéder un mois après le débarquement.

Les surnuméraires suspendus de leurs fonctions, ou renvoyés en France par mesure

ART. 8. — L'avancement en classe des magasiniers entretenus ne pouvant avoir lieu qu'au choix et après un an d'embarquement, les propositions formulées à bord seront seules valables.

A cet effet, les conseils d'administration des bâtiments dresseront, s'il y a lieu, le premier janvier de chaque année, un état de proposition en faveur du magasinier.

Cet état, accompagné de notes particulières données par le commandant, sera envoyé au préfet maritime du port.

D'après les propositions résumées par le commissaire aux travaux, le commissaire général établira un tableau d'avancement divisé par classe. Cet état, arrêté par le préfet maritime avec indication des numéros de préférence, sera transmis au ministre le 1er juillet.

Les nominations et avancements rouleront distinctement sur le cadre de chaque port.

ART. 9. — L'uniforme obligatoire pour les magasiniers embarqués se compose ainsi qu'il suit : Habit, redingote, pantalon et paletot de drap, de même couleur et de même qualité que ceux des officiers-mariniers des grades correspondants; coupe semblable;

Boutons en métal blanc timbrés d'une ancre;

Pour l'hiver et le mauvais temps, un caban semblable à celui que portent les maîtres entretenus des directions;

---

de discipline, n'ont droit qu'à la moitié de leur solde, depuis le jour de la suspension jusqu'à celui de la réintégration ou du débarquement en France. *(Article 20 du décret sur la solde, les revues, etc., du 11 août 1856).*

Je suis informé que, dans quelques localités maritimes, l'administration, se basant sur les termes de l'article 20 du décret du 11 août 1856, pense qu'il ne peut être accordé de congé aux surnuméraires faisant partie des équipages de la flotte.

L'opinion manifestée à cet égard est trop absolue, et, pour s'en convaincre, il suffit de se reporter au tarif n° 3 faisant suite au décret précité. Des fixations de ce tarif il résulte, en effet, qu'il peut, dans certains cas, être accordé aux surnuméraires une solde de congé.

Mais, d'un autre côté, tout rappel de solde de congé demeurant subordonné à la rentrée de l'homme à son corps, une concession de congé en faveur d'un surnuméraire n'a aucune raison d'être lorsque cet agent est définitivement débarqué et rendu à la vie civile.

Sa position, dans ce dernier cas, le place nécessairement dans la même situation que les marins envoyés soit en congé illimité, soit en congé définitif.

Quant au surnuméraire qui, étant à l'hôpital, se trouve débarqué comme ne pouvant rejoindre son bord, je ne vois aucun inconvénient à ce qu'il soit rattaché à la division et payé de sa solde jusqu'au jour de sa sortie de l'hôpital, cette dernière date pouvant être considérée comme celle de son congédiement. *(Circulaire n° 9 du 21 janvier 1861, Bulletin officiel, page 30).*

Casquette en même drap que l'habit, de la forme adoptée dans la marine.

Les marques distinctives sont :

Pour les magasiniers de 1re et de 2me classe :

1o Une patte en drap couleur bleu de ciel appliquée au collet et fixée à l'extrémité de l'arrière par un petit bouton d'uniforme ; cette patte aura 0,02 centimètres de largeur et 0,09 centimètres de longueur ;

2o Deux galons d'argent de 0,006 millimètres, placés autour de la patte à une distance de 0,002 millimètres ;

3o Un galon d'argent de 0,006 millimètres autour de la cuve de la casquette et bordé, de chaque côté, d'un liseré bleu ciel de 0,002 millimètres de largeur.

Pour les magasiniers de 3me et de 4me classe :

1o Une patte au collet en drap bleu ciel et disposée comme celle qui vient d'être décrite, mais bordée d'un seul galon d'argent de 0,006 millimètres.

2o Casquette avec un galon en soie bleue de 0,006 millimètres appliqué sur le milieu de la cuve.

Art. 10. — Les magasiniers entretenus de toutes classes se pourvoient, à leurs frais, d'effets d'habillement avant leur embarquement.

A bord, les vêtements réglementaires, la chaussure, le savon et le tabac peuvent leur être délivrés, sauf précompte de la valeur sur leur solde, et déduction faite, s'il y a lieu, de la délégation.

Art. 11. — Les candidats à l'emploi de magasinier de 4me classe devront se soumettre à un stage et à un examen préalable d'aptitude.

Les épreuves seront faites au détail des travaux : elles porteront sur la lecture, l'écriture, l'orthographe, le calcul des nombres entiers et décimaux et sur la connaissance des règles principales qui déterminent les fonctions des magasiniers de la flotte.

Le stage, sans solde, durera un mois.

Les candidats déjà employés dans l'un des services de la marine pourront être dispensés du stage.

Art. 12. — Tout candidat âgé de plus de trente ans devra compter cinq années au moins de services antérieurs au moment de son admission comme magasinier entretenu, afin d'avoir acquis, à cinquante-cinq ans, des droits à la pension de retraite.

Art. 13. — Après le stage et lorsque les épreuves subies auront été jugées satisfaisantes, le commissaire aux travaux établira un état de proposition de nomination à l'emploi de magasinier entretenu de 4me classe.

Cet état, annoté par le commissaire général et revêtu de l'approbation du préfet maritime, avec indication de numéros de préférence, sera transmis au ministre.

Art. 14. — Les magasiniers entretenus, justiciables des conseils de guerre et des tribunaux maritimes, sont soumis, pendant leur embarquement, à toutes les règles de police et de discipline en vigueur à bord des bâtiments de la marine impériale.

A terre, ils sont assujétis, comme les entretenus des autres services de la marine, aux lois, règlements et consignes relatifs à la discipline, à la police et à la sûreté des arsenaux.

A bord, ils peuvent être suspendus de leurs fonctions par le capitaine et renvoyés à la disposition du préfet maritime du port comptable, qui prend les ordres du ministre.

DISPOSITIONS TRANSITOIRES.

Art. 15. — Une commission, présidée par le commissaire général de la marine, et composée d'un capitaine de vaisseau, du commissaire aux travaux et d'un sous-commissaire, procèdera, dans chaque port, à l'examen des titres des magasiniers actuellement embarqués ou en ayant rempli les fonctions, qui pourront être compris dans la première formation du cadre de ce personnel, par application de l'article 8 du décret du 11 juin 1863.

Art. 16. — Ces propositions seront adressées au préfet maritime, qui les transmettra au ministre avec son avis personnel.

Art. 17. — Les magasiniers embarqués sur des bâtiments actuellement en cours de campagne y continueront leur service.

Il ne sera rien changé à leur position à bord sous le rapport de la solde, des accessoires, de l'habillement, etc.

Art. 18. — Toutes dispositions contraires à celles que renferme le présent arrêté sont et demeurent abrogées.

Paris, le 15 juillet 1863.

Signé : Cte P. DE CHASSELOUP-LAUBAT.

EXTRAIT DU TARIF

DES PENSIONS DES MARINS ET ASSIMILÉS AU-DESSOUS DU GRADE D'OFFICIER.

qui continuent de recevoir l'application de la loi du 18 avril 1831, combinée avec celle du 24 juin 1856.

GRADES.	PENSIONS DE RETRAITE POUR ANCIENNETÉ DE SERVICE. (Art. 9 de la loi du 18 avril 1831).			PENSIONS DE RETRAITE POUR CAUSE DE BLESSURES ou infirmités graves et incurables (Art. 12, 13, 14, 15, 16 et 17 de la loi du 18 avril 1831).								MINIMUM ET MAXIMUM augmentée DU CINQUIÈME EN SUS. (Art. 11 de la loi du 18 avril 1831).		Pensions AUX VEUVES, SECOURS
	MAXIMUM à 25 ans DE SERVICE effectif.	Accroissement pour chaque année de service au delà de 25 ans, et pour chaque année résultant de la supputation des campagnes.	MAXIMUM à 45 ans DE SERVICE, campagnes comprises.	Amputation de deux membres ou perte totale de la vue. — PENSION fixe quelle que soit la durée des services.	Amputation d'un membre ou perte absolue de l'usage de deux membres. — PENSION fixe quelle que soit la durée des services.	BLESSURES OU INFIRMITÉS qui occasionnent la perte absolue de l'usage d'un membre ou qui y sont équivalentes. (Art. 16 de la loi du 18 avril 1831).			BLESSURES OU INFIRMITÉS moins graves qui mettent dans l'impossibilité de rester au service avant d'avoir accompli le temps exigé pour le droit à la pension d'ancienneté. (Art. 17 de la loi du 18 avril 1831).					annuels aux orphelins. (Art. 21 et 22 de la loi du 18 avril 1831). QUART DU MAXIMUM de la pension affecté au grade.
						Maximum	Maximum à 20 ans de service campagnes comprise.	Minimum	Accroissement pour chaque année de service au delà de 25 ans lorsque les campagnes cumulées avec les services effectifs forment un total de 25 ans.	Maximum à 45 ans de service campagnes comprises.	Minimum	Maximum	dans le cas d'amputation de deux membres ou de perte totale de la vue.	
	f. c.	f. c.	f. c.	f. c.	f. c.	f. c.	f. c.	f. c.	f. c.	f. c.	f. c.	f. c.	f. c.	f. c.
MAGASINIERS DE LA FLOTTE... de 1er et de 2me classe...............	605 »	10 »	805 »	1125 »	805 »	605 »	10 »	805 »	565 »	10 »	805 »	798 »	1028 »	1250 » 216 »
de 3me et de 4me classe...............	415 »	7 50	565 »	735 »	565 »	415 »	7 50	565 »	415 »	7 50	565 »	408 »	678 »	882 » 141 »

TABLE DES MATIÈRES.

DEUXIÈME PARTIE.

SYSTÈME DE COMPTABILITÉ SUIVI DANS LES MAGASINS DE LA FLOTTE.

TROISIÈME PARTIE.

ANNEXE AU MANUEL.

www.ingramcontent.com/pod-product-compliance
Lightning Source LLC
Chambersburg PA
CBHW070944100426
42738CB00010BA/1959